Aux éditions Claire Lumière :

Kalou Rimpotché : BOUDDHISME VIVANT
Kalou Rimpotché : BOUDDHISME PROFOND
Kalou Rimpotché : BOUDDHISME ÉSOTÉRIQUE

Bokar Rimpotché : LA MÉDITATION 1
Bokar Rimpotché : LA MÉDITATION 2
Bokar Rimpotché : TCHÈNRÉZI
Bokar Rimpotché : L'AUBE DU MAHAMOUDRA
Bokar Rimpotché : MORT ET ART DE MOURIR
VIE DE BOKAR RIMPOTCHÉ

Kongtrul Rimpotché : LE LAMA ÉTERNEL

Gabrielle Stavolone : LA RELIAISON

GUIDE DU BOUDDHISME TIBÉTAIN FRANCE-EUROPE

Ces ouvrages, notre catalogue complet, ainsi que de nombreux autres titres consacrés au bouddhisme tibétain contemporain sont disponibles en librairie ou par correspondance aux :

ÉDITIONS CLAIRE LUMIÈRE
MAS VINSARGUES
13116 VERNÈGUES

ISBN 2 905998 23 7

Kalou Rimpotché

Bouddhisme profond

TRADITION TIBÉTAINE

Editions Claire Lumière

Les enseignements de ce volume ont été traduits du tibétain et mis en français par François Jacquemart.

Introduction

Le présent volume fait partie d'une série de trois ouvrages consacrés au bouddhisme tibétain abordé par le biais des enseignements d'un de ses maîtres contemporains les plus révérés, Kalou Rimpotché. Le triptyque au complet comprend:

BOUDDHISME VIVANT

BOUDDHISME PROFOND

BOUDDHISME ÉSOTÉRIQUE

Le premier volume, *BOUDDHISME VIVANT*, contient d'une part un certain nombre de documents biographiques sur Kalou Rimpotché, notamment les étonnants souvenirs de Lama Gyaltsèn, et, d'autre part, des enseignements portant plus particulièrement sur la vie quotidienne ou sur le rapport entre bouddhisme et Occident.

Le deuxième volume, *BOUDDHISME PROFOND*, regroupe les enseignements portant sur le *hinayana* et le *mahayana*, les aspects exotériques du bouddhisme. Y sont abordés la nature absolue de l'esprit, la vacuité, la compassion, le traitement des émotions conflictuelles, la situation de l'individu dans le cycle des existences, le *karma*...

Enfin, le volume *BOUDDHISME ÉSOTÉRIQUE*, révèle les principes du *vajrayana*, des *mantras*, des initiations, des six *yogas* de Naropa, etc. en même temps qu'il contient d'importants chapitres sur le *bardo* (la période entre la mort et la naissance), la médecine tibétaine et les lignées initiatiques.

Kalou Rimpotché, lama de lumière, vint en France pour la première fois en 1971. Le Tibet, bastion imprenable de la plus haute spiritualité, était jusque-là resté replié sur lui-même, songeant que le reste du monde ne pouvait pas le comprendre. Kalou Rimpotché, qui pourtant approchait les soixante-dix ans, fut le premier, malgré le scepticisme de la majorité de ses pairs, à croire que le bouddhisme tibétain pouvait avoir un impact en Occident.

L'histoire lui a donné raison puisque, au cours des nombreux voyages qu'il accomplit jusqu'à sa mort, en 1989, il donna des enseignements à une multitude de personnes, dont un grand nombre furent captivées par le rayonnement charismatique de sa personne et dont beaucoup s'engagèrent sur la voie de la libération.

Kalou Rimpotché n'est plus là, mais il nous reste la richesse, la profondeur, le foisonnement et la diversité de ses enseignements qui, pour une grande part, furent enregistrés.

Ces enregistrements ne sont cependant pas accessibles au public. Non seulement la lampe est gardée sous le boisseau, mais il y a risque que le trésor ne se perde définitivement. Réfléchissant à cette situation, Lama Gyaltsèn, neveu de Kalou Rimpotché, qui fut pendant quarante ans son serviteur puis son secrétaire, a demandé aux Editions Claire Lumière de collecter et d'éditer tous les enseignements de Kalou Rimpotché disponibles.

Nous avons donc réuni tous les enregistrements que nous avons pu et, désireux de présenter un texte le plus exact possible, nous avons retraduit les enseignements directement du tibétain.

Ces ouvrages ont pour complément le **PETIT LEXIQUE CLAIRE LUMIERE DU BOUDDHISME TIBETAIN** qui explique tous les termes signalés dans le texte par un astérisque.

Disponible en librairie ou par correspondance aux Editions Claire Lumière (Mas Vinsargues, 13116 Vernègues.)

Nous remercions toutes les personnes qui, à divers titres, ont apporté leur précieuse contribution à cette publication, plus particulièrement les responsables des centres du *dharma* qui nous ont autorisés à utiliser les enseignements qui ont été donnés dans le cadre de leurs institutions:

SOGYAL RIMPOTCHÉ
Rigpa
22 rue Burq
75018 Paris

TSENJUR RIMPOCHE
Kagyu Kunkhyab Chuling
4939 Sidley Street,
Burnaby, B.C.
Canada V5J 1T6

LAMA GYOURMÉ
Kagyu Dzong
40 route circ. du Lac Daumesnil
75012 Paris

LAMA GYOURMÉ
Vajradhara Ling
Château d'Osmont
Aubry-le-Panthou
61120 Vimoutiers

LAMA SEUNAM
Kagyu Ling
Château de Plaige
71320 Toulon-sur-Arroux

LAMA TEUNZANG
Karma Migyur Ling
Montchardon
38160 Izeron

Mme Camille Vitrac
Kagyu Djong Seunam Ling
261 promenade des Anglais
06200 Nice

Karma Shedrup Gyamtso Ling
33 rue Capouillet
1060 Bruxelles
Belgique

Ces centres du *dharma* ainsi que de nombreux autres proposent l'enseignement du bouddhisme tibétain en France et en Europe. On en trouvera la liste complète dans le *GUIDE DU BOUDDHISME TIBÉTAIN FRANCE-EUROPE*, Editions Claire Lumière (en librairie ou par correspondance).

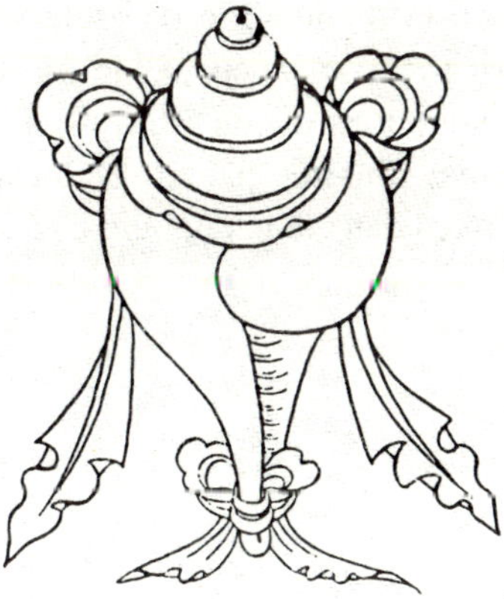

AVERTISSEMENT

Le présent volume ne constitue pas un traité systématique mais présente la traduction d'une série d'enseignements donnés oralement. Il retranscrit toute la saveur d'une transmission vivante, que le lecteur pourra goûter en découvrant progressivement les points-clés du bouddhisme, illustrés par un grand nombre d'histoires, si fréquemment utilisées dans la pédagogie traditionnelle.

1 - Le hinayana et le traitement des émotions : le rejet

Les trois enseignements qui vont suivre donnent, en premier lieu, les principes de base qui définissent les trois véhicules*: le petit véhicule, le grand véhicule et le *vajrayana*; ils exposent ensuite de manière détaillée la façon de traiter les émotions conflictuelles dans le cadre de chacune de ces approches, tout en proposant des exercices pratiques. Pour bien suivre ce qui va être exposé, il est indispensable de comprendre au préalable ce qu'on entend dans le bouddhisme par le terme "émotion", c'est-à-dire "émotion *conflictuelle*". Il est clair que le mot "émotion" est pris ici dans un sens différent de son acception usuelle. Ainsi, "l'émotion" que procurent un film, une poésie ou un beau paysage se situe sur un autre plan que les "émotions conflictuelles". Inversement, certains facteurs mentaux répertoriés comme "émotions conflictuelles", comme l'aveuglement ou l'orgueil, ne sont certes pas considérés comme des "émotions" dans le langage courant. Il n'existe pas, à vrai dire, d'équivalent exact en français contemporain du sanscrit *klésha* ou du tibétain *nyeun-mongpa*. "Emotion", conflictuelle ou perturbatrice, pour les raisons que nous venons de voir, ne convient pas parfaitement; "passion", qui dans le langage théologique classique recouvrait presque exactement la notion de *klésha* bouddhiste, a pris, de nos jours, un sens très différent. C'est faute de mieux que nous utilisons "émotion conflictuelle" comme terme générique recouvrant le désir-attachement, la haine-aversion, l'aveuglement, la possessivité, la jalousie, l'orgueil et toutes leurs nuances. Pour bien savoir de quoi il est question dans les enseignements, il faut donc garder en mémoire l'usage spécifique de ce terme que fait le bouddhisme.

On envisage dans le bouddhisme une division en trois véhicules:

- le petit véhicule (*hinayana*),
- le grand véhicule (*mahayana*),
- le véhicule de diamant (*vajrayana*).

La hiérarchie établie entre ces différentes approches — on les appelle aussi véhicules inférieur, moyen et supérieur — ne se réfère pas à un statut social ou économique, mais concerne les capacités de l'esprit du pratiquant, la largeur plus ou moins grande de sa vision.

La naissance du Bouddha.

"Et voici Maya Dévi dans Loumbini, baignée par le soleil. Elle va gracieuse, d'un arbre à l'autre, de bosquet en bosquet. Enfin, elle distingue entre tous un plakcha magnifique par la sveltesse de sa forme et l'étendue de ses branches, par ses fleurs divines et terrestres bien épanouies, par son éclat transparent comme celui de la perle Mani. Sous ses branches, la terre unie comme la paume de la main, s'est couverte d'un gazon vert comme le cou d'un paon; et il est doux au toucher comme un vêtement de Katchalindi. Et quand Maya s'approche, l'arbre s'incline en signe de respect. Alors la reine, de son bras droit, prend une branche du plakcha, sourit au ciel et reste immobile. De son bras droit elle baisse plus encore la branche du plakcha. Dans son léger effort, son flanc s'entr'ouvre et le Bodhisattva paraît. (...)

Mais voici que l'enfant glisse des mains des femmes qui le veulent prendre, et de celles des dieux, Brahma et Indra, qui l'avaient accueilli.

Dès qu'il est à terre, il se dresse. Sans être soutenu par personne, il fait sept pas du côté du soleil levant."

(Claude Aveline, La Légende du Bouddha, éditions Claire Lumière)

Le petit véhicule

Nous allons dans un premier temps examiner les caractéristiques du petit véhicule.

Le petit véhicule est fondé sur la prise de conscience du fait que tout ce que nous expérimentons dans le *samsara** est marqué par la souffrance*, prise de conscience engendrant la volonté de sortir de cette souffrance, de s'en libérer individuellement et d'atteindre un état heureux. On est donc mû par son propre intérêt. Le renoncement et la persévérance permettent d'atteindre le but.

Perspectives sur la vie du Bouddha

Le complet Eveil* atteint par Bouddha Shakyamouni* fut le résultat d'un long cheminement se déroulant sur de très nombreuses vies. A l'origine de ce cheminement, il prit auprès d'un *bouddha* du passé le vœu d'atteindre l'Eveil pour le bien de tous; puis, pendant d'innombrables *kalpas**, il s'exerça, en gardant à l'esprit la pensée du bien d'autrui, aux six *paramitas**, les six qualités qui permettent d'avancer sur le chemin. Sa pratique de *bodhisattva** étant devenue infinie, il obtint finalement l'Eveil complet, l'état de *bouddha*. Cette manière d'envisager la progression spirituelle du Bouddha Shakyamouni correspond à la vision du grand véhicule. Pour beaucoup, cependant, elle est trop vaste pour être comprise et nombreux sont ceux qui la perçoivent dans une perspective hinayaniste: elle est alors plus brève et située dans un contexte plus personnel. On y restreint en effet le cheminement du Bouddha à ce que l'on connaît de sa vie terrestre, de son existence "historique".

Né fils d'un roi du nord de l'Inde, il reçut l'éducation réservée aux princes, brillant dans tous les domaines qu'il abordait: les arts, les lettres, l'astrologie, les sciences, les arts chevaleresques. Il vécut avec un entourage de compagnes, comme le voulait la coutume de l'époque, la principale étant son épouse Yashodhara, dont il eut un fils.

Entièrement occupé par les affaires et les plaisirs de la cour jusque vers sa trentième année, il eut alors une prise de conscience très profonde de la vieillesse, de la maladie et de la mort qui le poussa à

"(...) Mais avant de se séparer de son épée,
il la prend de la main droite, de la main gauche il empoigne sa chevelure
que d'un seul coup il tranche."
(Claude Aveline, La Légende du Bouddha.)

renoncer au royaume et à tous ses privilèges, à abandonner la cour, sa famille et son enfant. Il quitta le palais en secret, se rendit dans la forêt et, en signe de renonciation, se coupa les cheveux et changea ses vêtements princiers contre des guenilles.

Il se consacra dès lors à la pratique spirituelle. En ceci, il allait à l'encontre des souhaits de son père; à sa naissance, en effet, un ascète avait prédit qu'il deviendrait soit un roi qui gouvernerait la terre entière, soit un maître spirituel qui secourrait d'innombrables êtres. Or, le père, dans sa fierté royale, voulait ardemment que se réalise le premier de ces deux destins. Pour éviter que le second ne se produise, il avait confiné son fils dans l'enceinte du palais, dont les issues étaient surveillées nuit et jour par des gardes.

Ces précautions ne purent cependant empêcher le prince d'aller vers sa destinée spirituelle. Quand sa décision fut prise de quitter la cour, les dieux vinrent à son aide: ils endormirent les gardes et permirent que son char, conduit par son cocher, vole au-dessus des remparts pour aller se poser auprès du *stoupa** où il renvoya le cocher et se coupa les cheveux afin d'adopter la vie de moine errant.

Pendant six ans, il pratiqua des absorptions méditatives dites "contaminées", c'est-à-dire des états méditatifs qui restent à l'intérieur du *samsara*, classés en neuf niveaux, et donc différents des absorptions parfaitement pures, dites "non-contaminées" par le *samsara*. Au bout de ces six années d'ascèse, il se rendit à Bodhgaya* où, s'asseyant sous l'arbre de la *bodhi*, il plaça son esprit dans une méditation située au-delà des états samsariques et gagna le *nirvana**, autrement dit atteignit l'état de *bouddha*.

Après avoir obtenu cette réalisation ultime, il demeura, pendant plusieurs semaines, absorbé dans sa méditation, pensant qu'il ne pouvait enseigner cette découverte, trop profonde pour être comprise par les hommes. Néanmoins les grands dieux de l'Inde ancienne vinrent le supplier d'enseigner: Brahma en lui présentant une roue d'or à mille rayons, Indra en lui offrant une conque blanche. Il accepta alors de répandre le *dharma*.

Les premiers à recevoir son enseignement furent cinq moines qui avaient été ses compagnons d'ascèse. Il les retrouva à Sarnath, au lieu-dit le Parc des Gazelles, près de Bénarès, et leur exposa les

"quatre nobles vérités":
- la vérité de la souffrance,
- la vérité de l'origine de la souffrance,
- la vérité de la cessation de la souffrance,
- la vérité du chemin menant à cette cessation.

Il leur expliqua ainsi ce qu'était le *samsara*, ce qu'était le *nirvana* et le moyen de passer de l'un à l'autre.

Les quatre nobles vérités

Les deux premières nobles vérités analysent le *samsara*. La seconde, en particulier, révèle l'origine de la souffrance: elle n'est pas, fondamentalement, due aux circonstances extérieures, mais procède d'un dérèglement de l'esprit décrit sous la forme d'un enchaînement de douze facteurs formant la chaîne des douze causes interdépendantes: ignorance, impulsions karmiques, consciences, nom et forme, facteurs de perception, contact, sensation, envie, saisie, devenir, naissance, vieillesse-mort.

Ce processus d'interdépendance décrit la production et la continuité du *samsara* regardé comme un océan de souffrances. La première noble vérité expose donc le résultat engendré par l'enchaînement expliqué dans la seconde: ce sont les trois types de souffrances*, expliqués en détail par le Bouddha.

Les deux dernières nobles vérités se situent du côté du *nirvana*. Elles exposent sa nature et les méthodes qui permettent de l'atteindre. Le Bouddha y décrit notamment les différentes facettes du chemin du *hinayana*, regroupées sous l'appellation des "trente-sept branches de l'Eveil":
- les quatre attentions complètes,
- les quatre renoncements justes,
- les quatre fondements des prodiges,
- les cinq pouvoirs,
- les cinq forces,
- les sept facteurs de l'Eveil,
- l'octuple noble sentier.

Au cours de ce cycle d'enseignements du *hinayana*, le Bouddha n'a pas abordé des notions comme les qualités spécifiques des *bouddhas*, les trois corps* de l'Eveil ou les champs de manifestation pure, notions qui ne seront envisagées que dans le *mahayana*. Dans le cadre du *hinayana*, en effet, il a mis l'accent sur l'expérience personnelle d'un état libre de toute souffrance. Comme l'indique le nom de la troisième noble vérité, ce qui est recherché c'est la "cessation" de la souffrance et de ce qui la produit, remplacée par un état de bonheur et de paix.

Le but obtenu ainsi est nommé l'état d'*arhat*: l'*arhat*, bien que n'ayant pas atteint le complet Eveil, s'est néanmoins libéré de l'emprise des émotions conflictuelles et du *karma*, ce qui lui permet d'être établi de manière stable dans la paix intérieure.

Hinayana et Occident

L'approche du *hinayana* constitue une tradition d'une grande valeur, très profonde, permettant d'obtenir un état de libération individuelle, qui n'est pas pour autant le complet Eveil.

En Inde, au Tibet, en Mongolie, en Chine et dans de nombreux pays d'Orient, le contexte culturel permet à ceux qui le souhaitent de s'engager sur cette voie. En Occident, par contre, la pratique du *hinayana* risque d'être beaucoup plus difficile. Elle requiert en effet de rejeter complètement toute implication dans le monde, de fermer les portes du corps, de la parole et de l'esprit, de ne plus porter aucun intérêt à l'activité ordinaire et d'éviter toute distraction. Je ne sais ce que d'autres en pensent, mais, pour ces raisons, le *hinayana* me paraît peu adapté à l'Occident.

En Europe et en Amérique, la prospérité, l'abondance de biens matériels, sont telles qu'on se croirait presque dans les mondes des dieux*. La richesse et la variété de ce qui est offert aux sens par les spectacles, les jeux, la télévision, le cinéma, la radio, etc. produisent un environnement sollicitant continuellement l'intérêt et multiplient les sources de distractions. Les enfants reçoivent par ailleurs une éducation qui, les laissant très libres de leurs choix et de leurs actes et, ne donnant pas l'habitude de la discipline, ouvre le champ à la dispersion et aux émotions conflictuelles. La rigueur et l'attitude de renoncement du *hinayana* n'y trouvent donc pas un terrain favorable.

Discipline et austérité

Lorsque le Bouddha enseigna le *hinayana*, qu'on considère comme le niveau extérieur de son enseignement, il prêcha l'idéal d'une vie ascétique impliquant l'abandon de toute vie de famille et la prise des vœux de moine. Toute activité ordinaire étant délaissée, le corps, la parole et l'esprit étaient mis au service exclusif de la pratique, dans le cadre strict d'un code de discipline, le *vinaya*, qui, dans le canon tibétain, n'occupe pas moins de treize volumes.

On y trouve ainsi des règles en rapport avec le corps, concernant l'habitat, la nourriture, le vêtement, etc. Le moine ne peut demeurer que dans une grotte, une tente, une hutte, sous un arbre, ou dans une cellule aussi simple que possible. Il n'a normalement pas le droit de construire une maison ou, s'il doit le faire, son côté ne peut pas dépasser dix-huit empans. Il ne doit pas porter de vêtements raffinés mais n'utiliser que du coton ou des tissus grossiers habituellement méprisés, assemblant éventuellement des pièces éparses. Pour se nourrir, il doit mendier sa nourriture, recevoir ce qu'on lui donne dans un bol unique, sans faire de choix et sans rien garder pour le lendemain ni rien consommer après le milieu du jour. Son mode de vie, aussi simple que possible, lui évite ainsi toute distraction et lui permet de ne pas être engagé dans les activités du monde.

L'usage de la parole est soumis à la même rigueur afin d'écarter ce qui pourrait engendrer le désir ou l'agressivité. Toute conversation inutile doit être évitée si bien que le plus souvent, le moine garde le silence. S'il parle c'est dans un cas de réelle nécessité ou bien pour réciter des *soutras**. Sinon, il protège sa parole pour ne pas être entraîné par la distraction.

Quant à l'esprit, toute pensée teintée d'émotions conflictuelles doit être immédiatement rejetée.

Les engagements pris pour la discipline du corps, de la parole et de l'esprit sont ainsi très nombreux. Si l'on peut véritablement les observer, ils se révèlent très bénéfiques, mais si ni le contexte ni les capacités ne le permettent, ils deviennent une source de difficultés et de problèmes.

Les biens personnels du moine sont, tels que les définit le *vinaya*, très réduits: sa robe, son bol pour mendier, un filtre pour retenir les insectes avant de boire de l'eau. Rien d'autre. La simplicité et le dépouillement, l'absence de tout superflu, sont là encore le but recherché, afin de pouvoir se consacrer entièrement à la pratique.

Origine des communautés

Autour du Bouddha, le nombre de moines se mit à croître rapidement. Ils avaient pour règle de ne jamais demeurer plus de quelques jours dans un même endroit. Cependant, pendant l'été, marqué par la mousson, les pluies non seulement rendaient les déplacements difficiles mais, de plus, obligeaient d'aller à l'encontre de l'éthique qui veut qu'on s'abstienne de tuer: à cette saison, en effet, les insectes se multiplient et il n'est pas possible de marcher sans en écraser. Pour trouver une solution à ce problème, des bienfaiteurs eurent l'idée de construire des bâtiments pour l'été et d'offrir la nourriture aux moines afin qu'ils n'aient plus à se déplacer, pas même pour mendier. Les moines se regroupèrent ainsi en communauté temporaire, sous la direction d'un abbé, et consacrèrent le temps de la mousson à l'étude et à la méditation. Cette période d'étude estivale[1] s'est perpétuée jusqu'à nos jours et continue d'être observée dans les monastères tibétains.

En dehors de ce moment de vie communautaire, les moines devaient mendier leur nourriture, là encore selon des règles strictes dans l'esprit de simplicité du *hinayana*. Ils se présentaient en fin de matinée aux portes des maisons, portant un bol et un long bâton muni de clochettes qu'ils agitaient pour signaler leur présence. Il ne leur était pas permis de frapper à la porte et de demander explicitement de la nourriture; ils devaient simplement agiter les clochettes et attendre. Si personne ne venait leur faire l'aumône d'un repas, ils pouvaient essayer à une deuxième porte, puis une troisième. Si, là encore, leur appel restait vain, ils devaient pour ce jour abandonner leur quête et rentrer sans avoir mangé.

---

1 - *yarné* en tibétain.

Rejeter les émotions

Dans le *hinayana*, le pratiquant est encouragé à écarter les émotions conflictuelles en voyant leur caractère négatif. A supposer, par exemple, que le désir naisse dans l'esprit d'un moine, il réfléchit immédiatement à son caractère nuisible, se rappelant qu'il est la graine qui perpétue l'existence samsarique. Il s'efforce ainsi d'en arrêter le cours. S'il n'y parvient pas, il poursuit l'analyse de l'objet qui suscite son désir afin de percevoir que celui-ci ne le mérite pas. Si, par exemple, il est attiré par une femme, il va chercher à percevoir le corps de celle-ci non comme un objet attrayant, mais comme quelque chose dont les éléments pris séparément ne présentent pas d'intérêt: un assemblage de peau, de chair, d'os, d'artères, de ligaments, d'organes digestifs, de sang, de sécrétions, etc. L'attachement est ainsi neutralisé par un sentiment de dégoût[1].

Dans le cas où l'imagination ne suffisait pas à montrer le caractère repoussant du corps, le moine était autrefois invité à se rendre dans les cimetières afin d'avoir une vision très directe et très crue de la réalité anatomique. Dans l'Inde ancienne, il existait en effet certains cimetières où l'on déposait simplement les cadavres afin qu'ils soient dévorés par les vautours ou d'autres animaux sauvages. Le moine y voyait des corps frais ou en décomposition, souvent déchiquetés, dévoilant la chair, les os, les entrailles, etc. Il se faisait ainsi une certaine idée du corps, que ce soit celui d'un homme ou celui d'une femme, perçu non seulement comme un amas de trente-deux composants impurs mais aussi comme un support de souffrance. De là naissait la pensée que le corps ne mérite aucune attention particulière. Se développait au contraire une absence d'attachement pour tout ce qui le concerne: nourriture, vêtement, logement étaient réduits à l'expression du strict nécessaire. Le minimum vital était envisagé, mais rien de plus.

La colère et les autres émotions conflictuelles sont, dans le *hinayana*, traitées par des techniques équivalentes, dans le but de les rejeter.

---

1 - Cette vision des choses ne reflète nullement un mépris de la femme en tant que telle, mais une méthode que le moine utilise pour se protéger du désir. Une nonne applique le même raisonnement au corps masculin.

Les quatre attentions

Débarrassé de l'attachement et de tout souci pour son corps, le pratiquant du petit véhicule se retire dans un endroit solitaire pour s'adonner à la méditation. Celle-ci repose en premier lieu sur les "quatre complètes attentions":
- la complète attention au corps,
- la complète attention aux sensations,
- la complète attention à l'esprit,
- la complète attention aux phénomènes.

Par la pratique de ces quatre attentions, l'esprit se stabilise. Elles sont un équivalent de ce qu'on appelle la "pacification mentale" (sct. *samatha*, tib. *chiné*). L'esprit est focalisé sur un seul objet, sans se laisser entraîner par l'emprise d'aucune pensée quelle qu'elle soit, ni bien sûr par aucune émotion conflictuelle. Il reste ainsi parfaitement au repos.

La première des quatre attentions complètes est celle portée au corps. Elle est fondée sur l'assimilation que nous faisons de notre personne à notre corps. Dans cette technique, l'esprit est fixé sur ce simple sentiment d'être le corps, sans y ajouter aucun jugement ni aucune appréciation du type: "Ce corps est une bonne chose ou il est une mauvaise chose; il est plaisant ou il est douloureux; il est en bonne santé ou en mauvaise santé; il existe ou il n'existe pas, etc." On est seulement présent à l'impression d'avoir un corps, sans aucune distraction. Cette approche comprend de nombreuses méthodes. Celle-ci n'est qu'une d'entre elles.

Au travers du corps, des sensations variées sont éprouvées: le froid ou le chaud, le doux ou le rugueux, etc. Lorsque, quelle que soit la sensation perçue, là encore sans jugement, l'esprit reste concentré sur elle, sans distraction, c'est la seconde complète attention.

La troisième attention porte sur les ressentis de l'esprit: la joie ou le mécontentement, le bonheur ou la souffrance, n'importe quel type de mouvement mental. On est simplement présent à ces mouvements, sans aucunement développer les pensées ni les suivre. On se contente de les observer de manière neutre.

L'attention aux phénomènes, enfin, se pratique de la même manière, s'appliquant aussi bien aux formes, qu'aux sons, aux odeurs, etc. Lorsque, par exemple, une forme est perçue par le regard, on ne cherche pas à s'en détourner, on n'y apporte non plus aucun jugement ni aucun commentaire — "Ceci est beau ou ne l'est pas; je l'apprécie ou ne l'apprécie pas..." — mais on garde l'esprit posé sur l'objet perçu, sans distraction, simplement présent. On fait de même pour un son, une odeur ou tout autre objet des sens.

Dans ce type de méditation, il faut comprendre que la notion d'esprit s'applique au présent: tout ce qui s'est déjà produit dans l'esprit n'est plus là, ce qui se produira n'est pas encore là; passé et futur ne sont pas réels. L'esprit dans le présent n'est pas marqué par le temps; il n'a non plus aucune réalité matérielle, ni couleur, ni forme, ni volume, etc. En ce sens, il est la vacuité dans laquelle on tend à demeurer pleinement.

Les quatre renoncements justes

Après s'être exercé à ces quatre complètes attentions, le pratiquant aborde les "quatre renoncements justes", qui se situent sur le plan moral: il prend d'une part conscience des actes négatifs qui ont déjà été commis pour les rejeter comme mauvais, en même temps qu'il s'engage à ne pas en commettre de nouveaux dans l'avenir. Par ailleurs, il s'efforce de donner plus de force aux tendances positives déjà nées en lui ainsi que d'engendrer celles qui ne le sont pas encore[1].

Devenir le feu

Un autre élément de l'approche du *hinayana* est constitué par "les quatre fondements des prodiges". On entend par là le fait d'avoir atteint de telles capacités de concentration qu'elles débouchent sur l'obtention de pouvoirs extraordinaires. Celui qui, fort de ces capaci-

1 - Sous l'expression "les quatre renoncements", on trouve en fait deux choses à rejeter et deux choses à accomplir:
- le rejet des actes négatifs accomplis,
- le rejet des actes négatifs à venir,
- le développement des tendances positives déjà présentes,
- la génération des tendances positives encore latentes.

tés, médite sur l'élément feu, peut le faire avec une telle puissance que son corps sera effectivement perçu comme un brasier; s'il médite sur l'élément eau, son corps sera perçu comme une étendue d'eau. Il peut opérer les mêmes prodiges en se concentrant sur le vent ou sur la terre. C'est pourquoi, dans l'histoire des *arhats* et des *bouddhas* solitaires du passé, on rencontre un certain nombre de cas où, au moment de la mort, ils se sont transformés en une boule de feu, en une masse d'eau ou encore en rayons de lumière.

L'état d'arhat

Le but du *hinayana* est d'atteindre l'état d'*arhat*, un état dans lequel ne se produit jamais aucune pensée ni aucune émotion conflictuelle; l'esprit demeure unifié et pacifié, sans aucune activité, pendant une période traditionnellement définie comme devant durer 84 000 *kalpas**. Aucune souffrance n'est alors expérimentée, aucun sentiment particulier non plus, c'est une sorte de calme absolu. Du point de vue du *mahayana*, on ne considère pas cet état comme définitif, mais comme une libération individuelle qui, au bout des 84 000 *kalpas*, va être élargie par l'intervention d'un *bouddha* dirigeant sur l'arhat un flot de lumière. Sous l'effet de cette lumière, la conscience de l'*arhat* devient beaucoup plus claire et s'élève en elle la vision de la souffrance immense des êtres en même temps que la volonté de les libérer et de les établir dans la paix et le bonheur. La compassion est née. L'arhat entre alors sur le chemin du *mahayana* où il atteint rapidement l'état de *bodhisattva**. Pratiquant les six *paramitas**, il parcourt ensuite les dix terres* de *bodhisattva* et obtient finalement l'état de *bouddha*.

L'état d'*arhat* représente certainement quelque chose d'une grande valeur, puisque pendant une période extrêmement longue il permet de demeurer dans un état sans aucune souffrance, de rester dans une paix et un bonheur parfaits. Il est cependant affecté d'un défaut: celui de ne pas prendre en compte les souffrances des autres. L'esprit est absorbé dans sa propre paix, sans avoir le souvenir de la condition générale des êtres.

Dans le domaine de la pratique, le *hinayana* met donc l'accent sur le retrait du monde, sur le rejet de tous les plaisirs des sens, au profit d'une vie simple et austère, restreignant autant que faire se peut l'activité du corps et de la parole. La solitude et le contentement sont les deux vertus sur lesquelles on insiste. La méditation du *hinayana* comprend, quant à elle, la pacification mentale (sct. *samatha*, tib. *chiné*) et la vision supérieure (sct. *vipassana*, tib. *lhakthong*), bien que celle-ci soit envisagée d'une manière sensiblement différente du *mahayana*. La pacification mentale, pour sa part, utilise de nombreuses méthodes, avec ou sans support, et ne présente pas de différence avec les méthodes enseignées dans le *mahayana*.

Une tradition vivante

La tradition monastique du *hinayana* est née à l'époque du Bouddha Shakyamouni. Elle a traversé les siècles sans pratiquement se modifier et se trouve encore très vivante dans des pays comme Sri Lanka, la Birmanie ou la Thaïlande. Les moines y ont gardé un style de vie très dépouillé, se contentant pour se nourrir et se vêtir de ce qui leur est offert. Ils ne s'adonnent à aucune activité séculière, sortent le matin avec leur bol pour mendier et semblent vivre exactement comme le faisaient autrefois les moines en Inde. Lors de mes propres voyages dans ces différents pays, j'ai pu voir de tels moines, qui présentent quelque chose de merveilleux.

Dans les pays d'Asie du sud-est, les moines et les nonnes vivent dans un environnement très respectueux de leurs règles et dans une structure sociale qui les soutient complètement. Il est admis par tout le monde, par exemple, qu'un moine ne doit avoir aucun contact physique avec une personne du sexe opposé, qu'il ne doit pas même lui serrer la main. Autant les moines que les femmes respectent parfaitement cette règle. A supposer, néanmoins, que pour une raison ou pour une autre, un moine soit obligé de toucher une femme, il enrobera tout d'abord sa main dans un tissu, afin de ne pas oublier sa condition. On rencontre dans toute la population un consensus qui donne beaucoup de force aux valeurs monastiques. En Birmanie et en Thaïlande, il existe encore de nombreux moines qui vivent dans la forêt, isolés dans des ermitages qu'ils ne quittent jamais, ne se rendant jamais au village, n'ayant de contacts avec personne. Leur subsistance est assurée par des bienfaiteurs laïcs qui viennent déposer devant leur hutte ou leur grotte ce dont ils ont besoin.

L'isolement est parfois la solution choisie pour répondre à des conflits familiaux ou sociaux. Plutôt que de demeurer dans l'environnement produisant les tensions, la personne choisit de s'en écarter complètement jusqu'à ne plus devoir en entendre parler. Se coupant du monde, elle choisit alors la voie de l'ermitage et de la méditation. En Occident, les gens aiment mieux, le plus souvent, affronter la situation pour tenter de résoudre les conflits; en Orient, ils préfèrent parfois s'en désengager complètement.

Pratique des quatre attentions

Pour nous faire une certaine idée de l'approche de la méditation dans le *hinayana*, le mieux est que nous pratiquions ensemble les quatre complètes attentions que nous avons envisagées précédemment.

En premier lieu, pratiquons "l'attention au corps". Nous prenons conscience de la pensée: "Je suis le corps", l'isolant de tout le contexte d'attachements et de désirs qui lui est habituellement associé. Nous restons sans autre pensée et s'il s'en produit, nous en coupons immédiatement le cours. Nous gardons une présence au corps à laquelle nous ne rajoutons rien, sans distraction.

(méditation)

Prenons maintenant "l'attention aux sensations": ce peut être une sensation de froid ou de chaleur, une crampe, une douleur dans une certaine partie du corps ou une démangeaison, une sensation agréable ou désagréable. Quelle que soit la sensation perçue, l'esprit y reste entièrement fixé, sans suivre aucune autre pensée. On n'est pas alors obligé de se limiter à une sensation: si l'une s'efface et qu'une autre se présente, on passe de l'une à l'autre. On ne cherche pas à sélectionner une sensation plutôt qu'une autre, mais on se concentre sur celle qui est la plus forte: on peut, par exemple, ressentir particulièrement la chaleur, puis éprouver une démangeaison. On quitte alors la première pour la seconde.

(méditation)

Le troisième type de complète attention est "l'attention à l'esprit". On ne se réfère pas dans ce cas à un objet extérieur, mais à ce qui se produit intérieurement, à toutes les expressions de l'esprit, les pensées, les émotions, les souvenirs, etc. La méditation consiste à simplement être conscient de ces productions mentales sans néanmoins s'impliquer dans leur contenu. Si l'esprit demeure dans un état de repos et de paix, on reste conscient de cet état sans rien faire de particulier. Lorsque des pensées se manifestent, on ne les encourage pas particulièrement si elles sont bonnes, générées par exemple par la dévotion ou la compassion, pas plus qu'on ne cherche à les chasser si elles sont négatives, provoquées par l'irritation, la colère, le désir, etc. On est seulement conscient de ce qui se passe, sans intervenir, que ce soit pour maintenir une pensée ou pour l'arrêter.

(méditation)

Enfin, le quatrième mode d'attention est dirigé vers les phénomènes extérieurs tels que les perçoivent nos différents sens. En vérité, la totalité de ce qui permet la manifestation, à savoir l'esprit qui perçoit, les organes des sens et les objets extérieurs, tout ceci constitue les phénomènes. Dans ce type de méditation, on dirige l'attention vers les objets perçus, sans y ajouter de jugement. Pendant les exercices de méditation que nous faisons maintenant nous entendons, par exemple, le bruit des voitures qui nous parvient de la rue. On peut en faire l'objet d'attention. On ne pense pas que c'est un bruit agréable ou désagréable, qu'il est un inconvénient ou ne l'est pas. On se contente d'être présent au bruit.

(méditation)

Nous avons maintenant vu l'ensemble de ces quatre complètes attentions: au corps, aux sensations, à l'esprit, aux phénomènes.

Dans ces exercices, le plus important est l'esprit lui-même. Encore une fois, souvenons-nous qu'on ne se réfère pas ici à quelque chose de limité par une forme, une couleur, un volume ou une localisation; on ne peut pas, par exemple, dire: "Mon esprit est de grande taille ou de petite taille"; ce ne sont pas des caractéristiques qui peuvent lui être appliquées. L'esprit est ce qui connaît, qui ressent, qui produit les pensées, les perceptions et les sentiments. Dans la méditation nous ne sommes pas concernés par les pensées qui ont déjà été produites dans le passé, ni par celles qui seront produites dans l'avenir, mais uniquement par le présent de l'esprit: celui-ci n'a pas de côtés, d'avant ou d'arrière, pas de limite, pas de couleur, etc. Il est vide. Il n'est pas une réalité définissable. Méditons donc maintenant en demeurant simplement dans cet esprit indéfinissable.

(méditation)

Ces méditations conduisent à changer la perception que nous avons de nous-mêmes: notre corps est regardé comme semblable à une bulle à la surface de l'eau, la parole semblable à un écho sans réalité propre, et les pensées semblables à un mirage. Quant au monde extérieur, il nous apparaît comme un ensemble de conditions nuisibles à la pratique.

Adopter la vue*, la méditation et l'action* du *hinayana*, c'est s'engager sur un chemin très sûr qui mène infailliblement à la libération. Il permet de se dégager de la souffrance dès cette existence et mène à l'état d'*arhat*. Sa valeur est donc très grande.

Vancouver, juin 1982

2 - Le mahayana et le traitement des émotions : la transformation

Le mahayana repose sur le principe qu'on ne se préoccupe pas seulement de soi-même, mais que l'on considère l'autre comme plus important que soi. On met donc un accent particulier sur l'amour et sur la compassion*. Ainsi, au début de toute pratique, on pense qu'on s'y engage afin de devenir capable de libérer tous les êtres de la souffrance et de pouvoir tous les établir dans un bonheur définitif. De la même manière, à la fin d'une pratique, on dédie toute la force positive qui en découle au bien de tous les êtres, afin qu'ils deviennent libres des souffrances, du *karma** et des émotions conflictuelles et qu'ils obtiennent ultimement l'état de *bouddha*.

Ampleur du mahayana

L'ensemble de la tradition bouddhiste repose sur deux courants: celui des *soutras** et celui des *tantras**. L'approche des *soutras* est elle-même divisée en trois niveaux: inférieur, moyen et supérieur. Le niveau inférieur se rapporte aux "auditeurs*" (*shravakas*), l'intermédiaire aux "*bouddhas* solitaires*" (*pratyékabouddhas*) — ces deux niveaux appartiennent au *hinayana* — et le supérieur aux *bodhisattvas** pratiquant le *mahayana*.

Les "auditeurs" regardent l'individu comme dépourvu de "moi"; le "moi" est vide car il ne peut jamais être trouvé par l'analyse; le monde extérieur est, pour sa part, considéré comme doté véritablement d'une réalité matérielle, impure et source de souffrance.

Les "*bouddhas* solitaires" considèrent que non seulement l'individu est vide d'existence propre, mais que le monde extérieur l'est aussi partiellement dans la mesure où il n'est, en dernière analyse, qu'un agrégat d'atomes.

Dans le véhicule des *bodhisattvas*, l'individu et le monde extérieur sont entièrement regardés comme dépourvus d'existence propre, comme vides[1]. Cette vision étant plus vaste que les deux précédentes, qui appartiennent au petit véhicule, justifie l'appellation de "grand véhicule".

Le *mahayana* est aussi plus vaste que le *hinayana* dans sa manière de concevoir l'action. Le pratiquant du *hinayana* s'efforce en effet d'éviter tout acte* qui pourrait être néfaste pour lui ou pour les autres; il observe une éthique qui le protège de toute action négative. Le pratiquant du *mahayana* ajoute à cette éthique qui évite de nuire une éthique qui cherche à faire le bien des autres.

Quelle que soit la *paramita** que l'on envisage, la vision du *mahayana* est toujours plus grande que celle du *hinayana*. Nous venons de le voir pour l'éthique, c'est vrai aussi pour la *paramita* du don. Dans le *hinayana*, le don est limité à son aspect matériel, dans le *mahayana* on l'envisage aussi comme devant procurer la sécurité et comme s'étendant à la vie spirituelle — ce qu'on appelle le "don du *dharma*". Le don est alors fondé sur l'amour et la compassion. La *paramita* de la patience est regardée comme une vertu personnelle dans le *hinayana*, alors que dans le *mahayana* elle est, encore une fois, une expression de l'amour et de la compassion. La diligence, importante dans le *hinayana*, envisage dans le *mahayana* non seulement le développement individuel mais le bien de tous les êtres. Quant à la perfection de la connaissance elle atteint sa plénitude dans le *mahayana* qui développe une vision complète de la nature vide de toute la manifestation.

Le grand véhicule se divise en deux aspects: le "*mahayana* dialectique" et le *vajrayana*[2]. De ces deux aspects, le second est plus riche en méthodes et plus profond. Le *mahayana* dialectique, enseigné dans

1 - La conception du monde extérieur diffère entre le véhicule des "*bouddhas* solitaires" et celui des *bodhisattvas* en ce sens que le second considère que les atomes, auxquels s'arrête l'analyse du premier, n'ont eux-mêmes aucune existence sur le plan ultime.

2 - Le "*mahayana* dialectique" correspond à ce qu'on appelle le plus souvent "*mahayana*" tout court dans la trilogie *hinayana*, *mahayana*, *vajrayana*.

les *soutras*, considère la pratique comme une cause entraînant un résultat, tandis que le *vajrayana*, issu des *tantras*, envisage plutôt le résultat comme dès maintenant présent. Le plus souvent, lorsqu'on parle du *mahayana*, sans autre précision, on se réfère à la première de ces deux approches et non au *vajrayana*. C'est aussi au *mahayana* dialectique que sera consacré le présent enseignement.

La bodhichitta

Nous trouvons le fondement du *mahayana* dans la double notion de *bodhichitta**:
- la *bodhichitta* relative,
- la *bodhichitta* absolue.

La *bodhichitta* relative consiste à reconnaître que tous les êtres ont été notre père ou notre mère dans le passé, puis à observer notre propre situation pour comprendre qu'elle est commune à tous: nous sommes heureux des événements agréables qui nous arrivent, malheureux si nous rencontrons la souffrance. Comprenant que tous les êtres fonctionnent sur ce même mode, nous développons l'amour et la compassion.

La *bodhichitta* absolue est le développement, au moyen de la connaissance juste, de la compréhension de la nature ultimement vide de tous les phénomènes. On peut, sans se limiter à une adhésion intellectuelle, approcher la notion générale de vacuité* par une méditation discursive fondée sur le raisonnement, mais cette approche comprend le risque de rester à la surface des choses. Il est préférable de commencer par comprendre la nature de notre propre esprit: il existe depuis toujours, primordialement; il n'a pas d'existence matérielle: pas de forme, de couleur, de volume, etc.; ne pouvant être perçu comme une chose, il est donc vide. Puis, sur la base de cette compréhension, on arrive à une certitude que peut seule donner l'expérience de la méditation au-delà de tous les concepts. Lorsqu'on parvient à la certitude de la vacuité de l'esprit, on développe alors la perception que tous les phénomènes — notre corps et le monde extérieur — procèdent en fait de l'esprit. L'esprit lui-même étant vide par nature, toutes ces productions le sont aussi. On arrive ainsi à la conclusion que toutes choses sont vides par nature.

Les trois corps du samsara

Bien que cette assertion de la vacuité de toutes choses puisse nous paraître déroutante, le rêve nous la rendra plus compréhensible. Lorsque nous rêvons, nous percevons tout un monde constitué de formes visibles, de sons, d'objets tangibles qui nous semblent réels. Pourtant, ils n'existent nulle part; ils sont uniquement une production de l'esprit. Ils semblent, au cours du rêve, posséder la même réalité que le monde que nous percevons maintenant et c'est pourquoi ils peuvent provoquer la douleur ou le plaisir. Mais lorsque nous sommes réveillés, tout ce qui semblait exister pendant le rêve — notre corps, l'environnement, les maisons, etc. — tout ceci a disparu. Ce n'était que l'esprit se manifestant au travers d'un corps onirique appelé le "corps des conditionnements latents". Ce qui est vrai pour le rêve, l'est aussi pour notre expérience présente, au travers de ce qu'on appelle le "corps de maturité karmique".

Lorsque nous quittons ce monde, au moment de la mort, les sens cessent de fonctionner de sorte que le corps et le monde extérieur ne sont plus perçus. L'esprit reste seul. Bien qu'il soit vide, il produit de nouveau des apparences illusoires* mettant en jeu la vue, l'ouïe, le toucher, etc., tout comme maintenant. La joie, la douleur, la peur, sont donc aussi expérimentées, au travers d'un "corps mental", comme si tout l'environnement apparaissant était réel.

L'esprit demeure ainsi un certain temps dans le *bardo**; puis, sous la force du *karma*, il est entraîné à reprendre naissance sous une forme ou sous une autre. Quand ceci se produit, tous les phénomènes qui s'étaient manifestés lors du *bardo* disparaissent. Ils n'existent plus nulle part. C'est alors de nouveau le "corps de maturité karmique" qui prend le relais, comme support d'existence dans l'une des six classes d'êtres.

La totalité de notre expérience samsarique se déroule donc par le biais de ces trois corps: corps de maturité karmique dans l'état de veille, corps des conditionnements latents dans le rêve, corps mental dans le *bardo*.

Les **ÉDITIONS CLAIRE LUMIÈRE** ont pour fonction d'éditer et de diffuser des ouvrages concernant la spiritualité bouddhiste, plus particulièrement dans son courant tibétain.

Nous serons heureux, si vous le souhaitez, de vous tenir au courant de nos publications. Envoyez-nous simplement cette carte après l'avoir complétée.

M./Mme/Mlle: . . . .

Adresse: . . . .

. . . .

. . . .

Affranchissement

Editions Claire Lumière

5, av. Camille Pelletan

F - 13760 Saint-Cannat

Vacuité et compassion

Savoir que tous les phénomènes sont en réalité une manifestation issue de l'esprit, qui lui-même est vide, dépourvu de toute caractéristique matérielle, et, sur ce fondement, s'engager sur le chemin des différentes étapes de la méditation — la pacification mentale* et la vision supérieure* — chemin qui mène à la réalisation de cette vacuité, c'est ce qu'on appelle la *bodhichitta* absolue.

Prenant comme référence cette vacuité de toutes choses, on prend conscience que les êtres, du fait qu'ils ne la réalisent pas mais prennent le monde pour réel, sont prisonniers de l'engrenage du désir, de l'aversion et de l'aveuglement. Ils sont de ce fait ballottés par les incessantes vagues du cycle des renaissances, allant de souffrances en souffrances. Cette vision de la condition douloureuse des êtres issue de l'ignorance de la vacuité produit un élan d'amour et de compassion: c'est la *bodhichitta* relative.

Cette *bodhichitta* relative est extrêmement puissante: elle permet de se purifier de conditionnements latents* et de beaucoup de *karma* négatif ainsi que d'accumuler beaucoup de mérite* et de sagesse. Cette purification et cette accumulation donnent à leur tour une grande ouverture pour l'approfondissement de l'expérience de la vacuité. Il est dit qu'elles permettent à toutes les qualités de croître de la même manière que les pluies de la mousson remplissent les rivières.

Guidé par la vacuité et la compassion, pratiquant les six *paramitas* — le don, l'éthique, la patience, la diligence, la concentration et la connaissance — on parcourt le chemin du *mahayana* qui, de la première à la dixième terre* de *bodhisattva*, conduit jusqu'à l'état de *bouddha*.

La transformation des émotions

Nous avons vu que la manière de traiter les émotions conflictuelles dans le *hinayana* était de les rejeter. Dans le *mahayana*, on s'efforce au contraire de les transformer de manière positive.

On compte généralement six émotions principales, réparties en deux groupes de trois. Le désir-attachement, la haine-aversion et l'aveuglement constituent la base sur laquelle se greffent les trois autres: du désir-attachement naît la possessivité, de la haine-aversion la jalousie, de l'aveuglement l'orgueil.

Ces six émotions conflictuelles sont en rapport avec les renaissances dans les différents mondes, selon leur prédominance:
- la haine-aversion conduit à renaître dans les enfers*,
- la possessivité dans le monde des esprits avides*,
- l'aveuglement dans le monde animal,
- le désir-attachement dans le monde humain,
- la jalousie dans le monde des demi-dieux*,
- l'orgueil dans le monde des dieux*.

Cause de la renaissance dans telle ou telle condition d'existence, les émotions conflictuelles sont modulées par les actes positifs et négatifs: les premiers produisent les joies et les bonheurs des trois mondes supérieurs (humains, demi-dieux et dieux), les seconds engendrent les souffrances des trois mondes inférieurs (animaux, esprits avides et enfers).

Gradation des émotions

Nous pouvons classer les émotions conflictuelles selon la quantité de souffrance qu'elles engendrent. De ce point de vue la haine-aversion apparaît comme la plus lourde de conséquences, puisqu'elle entraîne les douleurs extrêmes des enfers. En second vient la possessivité qui engendre la renaissance dans le monde des esprits avides, puis l'aveuglement — la stupidité, l'incapacité de comprendre — débouchant sur le monde animal. On peut placer ensuite la jalousie, cause de renaissance chez les demi-dieux, qui souffrent de querelles et de conflits continuels, d'une insécurité permanente issue de leur désir de s'emparer de ce que possèdent les autres, en particulier les dieux.

Le désir-attachement et l'orgueil sont les deux émotions conflictuelles dont la prédominance conduit à renaître dans des mondes relativement heureux, celui des hommes ou celui des dieux. Pour qu'ils produisent ce résultat, il faut néanmoins que d'autres facteurs interviennent.

Prenons l'exemple des dieux. Leur orgueil, isolé de tout contexte, les conduit à penser: "Je suis fort, je suis intelligent, je suis quelqu'un

Nagarjouna,
le plus célèbre des maîtres du mahayana indien.

d'important". Il a fallu cet orgueil, fortement dominant par rapport au désir, à la colère, à la jalousie, etc., pour renaître en ce monde. Si, cependant, les dieux y jouissent de tous les plaisirs des sens et d'une longue vie, c'est qu'à cet orgueil est adjoint un fort potentiel de *karma* positif. La vie d'un dieu va donc être ce mélange d'orgueil et de plaisir des sens dans lequel les autres émotions n'interviennent que très peu.

La vie humaine est de la même manière engendrée par une prédominance du désir-attachement. Elle sera néanmoins nuancée par d'autres facteurs: un *karma* positif antérieur permettra qu'elle soit heureuse et longue, alors qu'un *karma* négatif antérieur produira des maladies, la pauvreté et de nombreuses difficultés.

Le désir-attachement n'est pas en lui-même un défaut, il n'est pas non plus la cause directe de beaucoup d'actes négatifs. Son inconvénient est d'être suivi par la colère, la jalousie, etc. qui, elles, sont très néfastes.

Nous avons donc six émotions conflictuelles fondamentales; mais elles ne sauraient décrire toute la complexité de la situation. C'est pourquoi on envisage de très nombreuses ramifications qui portent le nombre total des émotions conflictuelles à 84 000. Leur jeu nous conduit à errer continuellement dans le *samsara*.

Le Bouddha a donné différentes méthodes pour traiter ces émotions, conduisant à différents états de réalisation:

- le rejet, en vigueur dans le petit véhicule, permet d'atteindre l'état d'*arhat*;

- la transformation, envisagée par le grand véhicule, conduit à l'état de *bodhisattva*;

- la simple reconnaissance, enseignée par le *vajrayana*, mène à l'état de *bouddha* en cette vie même.

Les techniques de transformation des émotions sont différentes selon qu'on envisage le *mahayana* dialectique ou le *vajrayana*. Nous allons envisager ici les premières en joignant la théorie à la méditation.

Refuge et bodhichitta

Etant donné que nous nous situons dans le contexte du *mahayana*, nous commençons par nous rappeler que non seulement nous-mêmes mais tous les êtres sommes prisonniers du *samsara*. Nous souhaitons donc obtenir pour nous-mêmes la délivrance et le bonheur qui en découlent ainsi que la capacité d'aider les autres et de les conduire vers ce même bonheur. Etant donné que seuls les Trois Joyaux* peuvent nous guider sur ce chemin, nous prenons refuge en eux du fond du cœur. Puis, nous engendrerons l'esprit d'Eveil, la *bodhichitta* en pensant: "Pour le bien de tous les êtres, je m'exercerai à la transformation des émotions selon l'enseignement du *mahayana*."

Au moment où nous récitons la formule de prise de refuge, nous pensons que, dans le ciel face à nous, se tiennent les *bouddhas*, les *bodhisattvas* et les textes représentant l'enseignement. En leur présence, nous pensons que nous-mêmes et tous les êtres, avec confiance et respect, nous nous prosternons et nous leur demandons de nous protéger des souffrances du *samsara*.

(récitation)

A la fin de la récitation de la prise de refuge, nous pensons que *bouddhas* et *bodhisattvas* émettent une immense lumière qui touche tous les êtres et les purifie de leurs fautes et de leurs voiles. Puis nous pensons que nous avons pleinement reçu la grâce des Trois Joyaux et nous gardons un moment l'esprit au repos.

(brève méditation)

Nous nous rappelons maintenant que tous les êtres des trois sphères* et des six mondes* ont été notre père et notre mère dans nos vies passées. Tous accomplissent beaucoup d'actes négatifs, cause de souffrances, et en expérimentent le résultat. Nous pensons qu'il nous faut les sortir de l'océan de souffrances du *samsara* et les établir dans l'état de *bouddha* et que, pour ce faire, nous allons pratiquer la méditation du *mahayana*. Dans cette pensée nous récitons la formule de développement de l'esprit d'Eveil.

(récitation)

Transformation de l'aveuglement

Prenons maintenant la posture de méditation, le dos bien droit, et gardons notre esprit au repos. Dans cet esprit au repos, le désir-attachement, la haine-aversion, la possessivité, la jalousie et l'orgueil sont inactifs. On constate cependant la présence de l'aveuglement qui est la base des autres émotions. Cet aveuglement signifie que nous ne comprenons pas les implications de nos actes et de notre situation; il signifie aussi que, quand une pensée ou une émotion se produisent, nous ne voyons pas, en dehors du simple ressenti de la pensée ou de l'émotion, quelles en sont la nature et l'origine. Nous allons d'abord méditer en prenant pour base cet aveuglement.

L'aveuglement est issu de l'ignorance* (sct. *avidya*) fondamentale. Bien qu'ils soient à peu près semblables, on peut dire que l'ignorance est le fait, pour l'esprit, de ne rien percevoir, l'aveuglement, le fait de ne rien comprendre. On peut comparer ces deux notions à l'obscurité, une obscurité sans lune, sans étoiles, sans bougie, sans électricité.

Il nous faut transformer cet aveuglement et cette ignorance, cette "in-conscience", en conscience. Pour ce faire, nous demeurons simplement dans la vacuité de l'esprit, qui possède de manière inhérente la capacité de conscience. Lorsque s'élève une pensée ou une émotion, nous continuons à demeurer dans la capacité que nous avons de les percevoir, d'en être conscients. Nous demeurons dans la conscience de notre état intérieur.

Cette méditation est très facile. Si l'esprit demeure dans la vacuité, nous restons simplement conscients de cette vacuité. Lorsqu'une pensée se produit, nous n'avons non plus rien d'autre à faire que de la reconnaître, sans vouloir l'arrêter, sans la suivre non plus. Puis lorsque se présente une autre pensée, nous restons à nouveau dans la simple reconnaissance de sa présence. C'est extrêmement simple.

(méditation)

L'aveuglement est non-connaissance; par ce processus, nous le transformons en connaissance, en conscience de ce qui se passe. C'est très facile: l'esprit demeure simplement lucide, conscient soit de l'absence de pensées, soit des pensées qui se produisent. Il n'y à rien à

rejeter, rien à produire. La non-conscience se transforme d'elle-même en conscience.
(méditation)

Cette méditation, qui peut être faite régulièrement, est semblable à la lumière qui chasse l'obscurité dont nous avons parlé tout à l'heure. Elle est un moyen de développer la *paramita** de la connaissance.

Transformation du désir

Prenons, en deuxième lieu, le désir. Comment pouvons-nous le transformer en expérience de bonheur? Envisageons le désir sexuel: il s'élève à la vue d'une belle femme ou d'un bel homme et génère une sensation agréable, à la fois physique et mentale. A cette sensation va s'ajouter un élément qui la complique: la soif de posséder l'objet du désir. Cette soif est un produit de l'aveuglement qui ne voit pas que la sensation agréable première est suffisante. Il fait croire qu'il faut, en plus, la possession.

A supposer qu'un homme voie une jolie femme, le désir fait qu'il expérimente aussitôt une sensation physique et mentale agréable. En même temps, du fait de l'aveuglement, s'élève une volonté de possession, dont on attend qu'elle consolide l'expérience de bonheur. Dans le cadre de la méditation qui vise à transformer les émotions, on s'arrête à la sensation de bonheur produite par le désir, sans la considérer comme quelque chose de mauvais, sans vouloir la rejeter. On reste conscient de ce bonheur, lucidement, on le goûte sans se laisser entraîner par la soif qui voudrait saisir l'objet.

De la sorte, la joie issue du désir ne pose aucun problème. Lorsque nous pensons à quelqu'un que nous aimons, s'élève spontanément une joie intérieure et un bien-être physique. Nous demeurons simplement non-distraits dans cette sensation de joie, sans être pris par les complications dues à la soif de possession. Du fait qu'on demeure dans cette sensation, elle grandit et nous conduit à un état de bonheur naturel. Méditer ainsi est extrêmement bénéfique.

Nous méditons donc maintenant en pensant à quelqu'un ou à un objet qui nous attire particulièrement, puis en demeurant dans la sensation agréable engendrée par cette pensée.
(*méditation*)

Le marchand et la courtisane

Un *soutra* rapporte une histoire qui illustre cette manière d'aborder le désir.

Dans un certain pays, un homme, riche et avisé, dirigeait un commerce important, pour le compte duquel travaillaient de nombreux négociants. Il organisa un jour une caravane afin d'aller commercer dans un pays lointain connu pour ses ressources abondantes, réputé pour être gouverné par un monarque juste et sage et, plus encore, pour être le séjour d'une courtisane à l'incomparable beauté, qui faisait fortune en vendant ses charmes aux marchands de passage.

Lorsque les marchands arrivèrent à la ville où elle officiait, ils ne parlèrent plus entre eux que de ses charmes, de ses attraits, de sa réputation. Tous ne pensaient qu'à payer leur écot pour ne pas passer à côté d'une si belle occasion. Tous, sauf un, leur chef, qui tenta de les raisonner:

— Nous avons fait un long voyage dans un but bien précis: faire du commerce afin de gagner de l'argent. Or, j'ai plutôt l'impression que vous vous apprêtez à en dilapider. Vous désirez tous posséder cette courtisane: qu'y gagnerez-vous? Vous allez perdre votre argent et risquer votre santé. Vous éprouverez bien sûr un moment de plaisir physique, mais il sera bien fugitif et ne vaut pas ce que vous êtes prêts à payer. Je ne nie pas que cette femme soit attrayante et j'admets éprouver moi-même du désir pour elle. Ce désir me procure de la joie: je garde cette joie sans perdre ni mon argent ni ma santé. Pourquoi ne feriez-vous pas comme moi?

Les marchands ne furent guère convaincus par ce discours. Il leur fallait la courtisane. Ils l'eurent et dilapidèrent tous leurs biens.

La courtisane fut, pour sa part, piquée au vif par l'attitude de leur chef. Elle était vexée qu'il la dédaigne, d'autant plus qu'elle le savait fort riche. Elle demanda à ses compagnons ce qui le retenait d'avoir recours à ses services.

— Ce n'est pas qu'il t'ignore, répondirent-ils. Il sait même que tu es très belle et très désirable. Mais il dit que la joie qui naît dans son esprit en pensant à toi est suffisante. Il n'éprouve pas le besoin d'aller plus loin.

Ces explications contrarièrent encore plus la courtisane. D'une certaine manière, le chef des marchands la volait! Il profitait de sa personne, puisqu'il goûtait la joie de penser à elle, mais ne lui versait aucun paiement. Pour tenter de se faire dédommager autant que pour se venger du dédain du marchand, elle imagina une stratégie. Elle se rendit auprès du roi afin de se plaindre. Ne pouvant toutefois accuser un homme de simplement penser à elle, elle déclara qu'un certain chef des marchands était venu plusieurs fois chez elle mais refusait de la payer. Le roi devait lui faire justice.

Le roi convoqua l'accusé pour entendre sa défense. Celui-ci lui démentit les propos de la courtisane. Oui, à dire vrai, il était comme tout le monde sensible aux charmes de la courtisane, mais il se contentait de goûter la joie que leur pensée engendrait. Le roi, vite convaincu qu'il avait affaire à un homme droit et honnête, accepta sans hésitation sa version des faits. Quant à la réparation que demandait la courtisane, elle lui serait accordée.

Il lui fit savoir que, le lendemain matin, le marchand paierait largement ce qu'il lui devait, qu'elle devrait pour cela se rendre sur la rive d'un petit lac en bordure de la ville.

Quelle ne fut pas la joie de la courtisane lorsque, au matin, elle vit l'entière caravane du marchand rangée sur le bord du lac! Elle allait être riche et vengée! Sa joie ne fut que de courte durée. Le roi s'approcha d'elle et lui dit:

— Ce marchand n'est pas allé chez toi profiter de tes charmes, mais il est vrai qu'il en tire un certain profit par la pensée. Il est donc juste que tu sois dédommagée pour cela. Puisque le marchand est heureux du reflet de ta beauté dans son esprit, il est normal que tu sois payée du reflet de sa richesse; elle est là: sur le lac.

Dans cette méthode, il ne s'agit pas d'abandonner toute vie dans le monde et de rejeter le contact avec les femmes ou les hommes. Du désir, on ne garde que la joie, la sensation de bonheur; sans entrer dans des complications ultérieures ni commettre d'actes négatifs on s'approche au contraire de l'état de *bouddha*. Parmi les six paramitas, ce traitement du désir s'inscrit dans celle de l'éthique.

Transformation de l'aversion

La haine-aversion est traitée par d'autant plus de moyens dans le *mahayana* que l'insistance y est forte sur l'amour et la compassion. Voyons simplement ici comment l'aborder du point de vue de la méditation.

Lorsque se manifeste un puissant accès de colère, il se produit en même temps dans l'esprit une grande vivacité, une grande vigueur, comme un éclair qui donne un puissant dynamisme. Cependant, du fait, encore une fois, de l'aveuglement, cette vigueur n'est pas reconnue; nous nous laissons prendre par les complications qui l'accompagnent, dirigées vers l'objet qui a suscité notre colère: nous pensons à nuire, à frapper ou à tuer. L'essence de cette colère, loin de se situer dans l'obscurité, est pourtant une grande clarté. Il nous faut donc regarder cette essence, demeurer sans distraction dans cette clarté. Ainsi opérons-nous la transformation de l'émotion: la colère est changée en clarté.

Pour opérer notre exercice de méditation, pensons maintenant à une personne ou à une situation qui provoque notre colère. Sans suivre le mouvement de cette colère, nous demeurons sans distraction, dans la clarté qui l'accompagne.

(méditation)

Chaque fois que se produit en vous un mouvement de colère ou d'aversion, vous pouvez ainsi demeurer dans l'essence claire qui la sous-tend, sans chercher à refouler la colère, sans la suivre non plus, mais en fixant sa vivacité. De la sorte, la colère se transformera en clarté.

Transformation de l'orgueil

"Je suis meilleur que les autres; je suis très intelligent; je suis important": ces pensées caractéristiques d'un fort attachement au "moi" constituent l'orgueil. Lorsqu'il se produit, on reste neutre vis-à-vis de lui, sans le rejeter ni le suivre, on demeure simplement l'esprit posé dans ce sentiment, sans distraction; dès lors cet orgueil, comparable à une montagne, se trouve naturellement aplani. "Moi" perd sa surévaluation.

(méditation)

Dans la mesure où l'on apprend à méditer de cette manière, les nombreuses occasions où s'élève l'orgueil dans notre esprit s'avèrent très profitables car elles deviennent le support du développement de la cinquième *paramita*, celle de la concentration. En même temps, l'orgueil, né de l'assimilation à un "moi", lorsqu'il s'efface du fait que nous regardons son essence, laisse place à la perception de l'absence de moi.

Transformation de la possessivité.

Nous sommes tous marqués par l'ensemble des émotions conflictuelles. Parmi elles, la possessivité, s'appliquant aussi bien à notre corps, à notre maison, à n'importe lequel de nos biens, est toujours très présente et très forte. Quelle que soit la forme qu'elle prend plus particulièrement pour nous, nous pouvons la neutraliser par le don pratiqué à différents degrés: le don de biens matériels étant le premier degré, le don de sa famille le second, le don de son sang et de sa chair constituant la forme la plus élevée. Le *mahayana* offre ainsi une grande variété de moyens mettant en œuvre la générosité pour supplanter la possessivité.

Du point de vue de la méditation d'où nous nous situons maintenant, quand se produit la possessivité, nous la traitons comme les émotions précédentes: sans la suivre ni la rejeter, nous demeurons simplement dans le sentiment qui en est la base. De la sorte, la possessivité ordinaire deviendra un sentiment d'aise, neutre, duquel s'effacera spontanément le caractère nuisible. La possessivité disparaissant, elle est automatiquement transformée en son contraire: une générosité fondamentale.

Transformation de la jalousie

La jalousie est comparable à une épine: elle pique non seulement les autres, mais elle se retourne aussi contre celui qui la conçoit, le mettant très mal à l'aise et le rendant très malheureux. Chaque fois que la jalousie s'élève, demeurons simplement posés en elle, sans la suivre ni la rejeter: elle ne pourra que s'apaiser automatiquement et ne pourra aucunement "piquer". Elle rejoindra spontanément son essence qui est la paix intérieure. La jalousie est ainsi transformée en paix, en même temps que, du point de vue des six *paramitas* elle se trouve associée à la quatrième, la diligence.

Nous avons ainsi vu brièvement comment approcher les six émotions conflictuelles principales par la méditation. Néanmoins, c'est à la transformation des trois premières — désir attachement, haine-aversion et aveuglement — qu'il vous faut d'abord vous appliquer. De la sorte, le désir-attachement sera transformé en félicité vide, la haine-aversion en clarté vide et l'aveuglement en connaissance. Ceci montre à quel point ce type de méditation sur les émotions est bénéfique. Les trois émotions de base sont pour nous la source la plus abondante d'actes négatifs, de problèmes et de souffrances; c'est pourquoi il est nécessaire de les aborder en premier, les trois autres — possessivité, orgueil et jalousie — n'étant que des corollaires.

Toutes les émotions conflictuelles sont issues de l'esprit. Pour conclure, nous demeurons un moment dans la vacuité de l'esprit, puis nous dédierons le mérite de cet enseignement et de cette pratique au bien de tous les êtres.

(*méditation*)

Vancouver, juin 82

3 - Le vajrayana et le traitement des émotions : la simple reconnaissance

*N*ous allons au cours de cet enseignement envisager, dans le cadre du *vajrayana**, comment s'y opère, par la méditation, la libération des émotions conflictuelles dans leur simple reconnaissance.

Le *vajrayana*, d'une manière générale, offre des instructions qui traitent de manière spécifique les pensées et les émotions de façon à permettre un progrès très rapide sur le chemin de l'Eveil. Etant donné que les humains appartiennent à un domaine de manifestation appelé la "sphère* du désir", une attention particulière est portée au désir-attachement. On établit notamment une correspondance entre les quatre classes de *tantras* et les quatre degrés de complexité croissante de satisfaction du désir sexuel qu'ils permettent de traiter.

Tantras et désir sexuel

On considère qu'aux premiers temps de ce monde, le désir s'élevant entre les hommes et les femmes était assouvi par un simple échange de regards. A ce degré correspond le *Kriya tantra*.

En deuxième lieu, les hommes et les femmes ont ressenti le besoin du sourire pour exprimer et satisfaire leurs sentiments d'attraction réciproque. Le *Charya tantra* s'applique à ce niveau.

En troisième lieu, vint le désir d'un certain contact physique, notamment le désir de se toucher les mains, ce à quoi correspond le *Yoga tantra*.

Enfin, le désir sexuel ne put être comblé que par l'union physique et c'est à ce stade qu'entre en jeu l'*Anouttara yoga tantra*.

Signes de réussite

Toutes ces méthodes impliquent la recherche d'une certaine efficacité. Les hommes, par exemple, cultivent les champs; ils se donnent de la peine pour labourer, planter, entretenir les terres. Ceci n'a de sens que par l'obtention d'une bonne récolte, qui soit profitable pour ceux qui ont travaillé. Dans ce cas, on peut dire que la culture a réussi. Si au contraire, malgré le travail fourni, on n'obtient pas de récolte, on a simplement perdu son temps et sa peine. De la même manière, dans de nombreuses traditions spirituelles, des maîtres variés donnent des instructions variées. Ces instructions ont pour fonction d'être bénéfiques pour l'esprit, en particulier de servir de remèdes aux émotions conflictuelles. Si, par la pratique et la méditation qui procèdent de ces enseignements, les émotions diminuent cela signifie que la méditation est féconde. Lorsqu'au contraire les émotions restent stables ou bien même augmentent, c'est le signe qu'elle est stérile. Elle n'atteint pas son but.

Le Bouddha a distingué les résultats qui viennent de l'étude et ceux qui viennent de la méditation. On reconnaîtra, disait-il, un bon érudit au fait qu'il aura une grande foi dans les maîtres et dans les Trois Joyaux*, de la compassion pour les êtres, une certaine impartialité dans l'approche des positions philosophiques des différentes écoles. Le comportement du bon érudit est comparé à une petite pelote de laine tombant dans l'eau. La laine ne fait ni bruit, ni remous; de même le bon érudit est une personne discrète et douce, qui ne présente dans son caractère ni rudesse ni tendance à l'agitation. D'un autre côté, la méditation engendre l'absence d'émotions conflictuelles. Que la méditation nous permette de rejeter les émotions, de les transformer ou de les libérer dans l'esprit, on reconnaît dans tous les cas ses fruits au fait que celles-ci diminuent.

Heurs et malheurs de l'Occident

Les Américains et les Canadiens[1] sont certainement des gens possédant un grand mérite* issu de leurs vies passées. On le déduit du fait

---

1 - Et par extension les Européens — rappelons-nous que cet enseignement était donné à Vancouver.

Manjoushri,
le bodhisattva de la connaissance.

que, d'une part, leurs conditions de vie extérieures sont extraordinaires et que, d'autre part, ils ont pu recevoir des enseignements, des initiations et des instructions de pratique de personnalités aussi éminentes que le Dalaï-Lama, le Karmapa, Dilgo Khyèntsé Rimpotché, Chamar Rimpotché, Sitou Rimpotché ou Djamgœun Kongtrul Rimpotché. Ils ont aussi la chance que se soient établis sur leur territoire des lamas aussi remarquables que Trungpa Rimpotché et d'autres. L'Amérique du Nord dispose donc d'un grand potentiel positif.

Le pays est beau, les maisons très confortables, la prospérité évidente dans tous les domaines, à commencer par la nourriture et les vêtements. L'abondance et la qualité des biens matériels sont telles qu'on se croirait dans le monde des dieux*. Au premier abord, on est amené à penser que les gens vivant dans un tel contexte ne peuvent être qu'heureux. Pourtant, l'esprit des Nord-Américains[1] ne semble pas toujours en accord avec leur environnement: au lieu d'y trouver le bonheur, on y rencontre beaucoup de difficultés, d'insatisfactions et de souffrances. D'où viennent ces problèmes? Des émotions conflictuelles, plus particulièrement du désir-attachement, que les Occidentaux ne savent ni transformer ni écarter. Il me semble que si les émotions perdaient de leur emprise, le pays deviendrait un lieu extraordinaire où la joie et la paix se marieraient à la prospérité.

Un proverbe tibétain dit:

Ventre vide ne pense qu'au vol
Ventre plein ne pense qu'au désir.

Cela signifie que celui qui n'a rien à manger est obsédé par le moyen le plus immédiat qui lui permettra de se procurer de la nourriture; quant à celui qui est rassasié, son esprit est tourmenté par les plaisirs des sens. Il me semble que les Occidentaux ont plutôt le ventre bien rempli...

C'est pourquoi l'utilisation de moyens qui permettent de dissiper les émotions conflictuelles et particulièrement le désir me semble indiquée pour conduire à une vraie paix et à un vrai bonheur.

---

1 - Ou des Européens...

Origine des émotions

Nous avons vu, à propos du *mahayana*, des méthodes qui permettent de transformer les émotions. Il existe dans le *vajrayana* des méthodes visant à purifier les émotions de sorte qu'elles deviennent les cinq sagesses* ou les cinq Bouddhas Patriarches*. Ces méthodes impliquent des visualisations complexes qui ne peuvent être enseignées en public et nous ne pouvons donc pas les aborder ici. Il existe néanmoins dans le *vajrayana* une autre approche des émotions, facile à exposer et à pratiquer, très bénéfique, qui consiste en la "simple reconnaissance".

Pour aborder cette méthode, il faut tout d'abord comprendre d'où viennent les émotions. Il est évident, en premier lieu, que les émotions ne sont produites ni par le corps ni par la parole. Référons-nous à un cadavre: il reste une enveloppe physique, mais dépourvue d'esprit. Personne n'a jamais entendu parler d'un cadavre qui éprouverait du désir, de la colère, de la jalousie ou de l'orgueil. Nous ne pouvons donc aucunement attribuer les émotions au corps. Il n'a aucune faculté pour les éprouver. La parole ne possède pas davantage cette faculté: elle n'est qu'une accumulation de sons, comparable à un écho, donc dépourvue en elle-même de la capacité d'éprouver quoi que ce soit.

Les émotions ne peuvent venir que de l'esprit lui-même. Cela ne signifie pas que le corps et la parole ne soient pas impliqués dans le processus émotionnel; mais ils ne le sont qu'à titre d'exécutants ou de serviteurs. Ils ne sont pas les maîtres de la situation. Si l'esprit, par exemple, pense qu'il faut ouvrir la fenêtre, c'est le corps qui va l'ouvrir; si l'esprit pense qu'il faut allumer la lumière ou s'en aller, c'est le corps qui va appuyer sur l'interrupteur ou se déplacer. Le corps ne peut intervenir qu'au service de l'esprit, mais il ne prend lui-même aucune initiative. De la même manière, le corps ne dirige pas les émotions conflictuelles, mais se met au service de l'esprit qui les produit.

Les Tibétains utilisent beaucoup la parole dans leurs pratiques spirituelles, récitant de très grands nombres de *mantras** ou de prières, car ils sont convaincus que, par là, s'opère une profonde purification ainsi qu'une vaste accumulation de mérite*. Ils peuvent passer ainsi des heures à réciter. Les Occidentaux, au contraire, semblent penser que seul l'esprit compte et nourrissent des doutes sur l'efficacité d'une pratique de la parole. De ce fait, la récitation de *mantras* ou de la prière de Refuge est pour eux difficile et ils ne peuvent la faire bien longtemps. Ils oublient simplement que, lorsque la parole fonctionne, elle est au service de l'esprit qui la dirige; c'est donc toujours l'esprit qui est en jeu.

L'esprit est-il carré ?

Les émotions conflictuelles viennent donc de l'esprit. Quel est cet esprit qui les génère? Le Bouddha a décrit l'esprit comme dépourvu de couleur, de forme, de volume, de taille, de toute détermination d'ordre matériel. Sans doute pouvons-nous admettre qu'il en est ainsi, mais nous aurons une conviction plus forte en procédant personnellement à un examen de notre propre esprit: Quelle est sa couleur? Est-il carré, rond ou triangulaire? Mesure-t-il deux ou trois kilomètres? Occupe-t-il une grande ou une petite surface? Il nous faut examiner ces différents points, directement, en prenant notre propre esprit comme référence. Nous devrons donc méditer tout d'abord en regardant notre esprit, puis en regardant les émotions conflictuelles.

Bienfaits du refuge

Toutefois, avant d'aborder la méditation, dans le *vajrayana* tout comme dans le *mahayana*, nous récitons la prise de refuge* et le développement de l'esprit d'Eveil*. Pour ce faire, nous visualisons que face à nous se tiennent dans l'espace les *bouddhas**, le *dharma**, la *sangha**, ainsi que les lamas*, les *yidams** et les protecteurs* du *dharma*, occupant tout le ciel, rayonnant de grâce et de compassion. Nous pensons qu'accompagnés de tous les êtres nous prenons refuge en eux jusqu'à l'obtention de l'Eveil et que nous leur demandons de nous protéger jusqu'à ce que nous soyons libérés des souffrances du *samsara**. Dans cette perspective, nous récitons la prise de refuge.

(récitation)

A la fin de la récitation nous pensons que les *bouddhas* et tous les aspects du refuge émettent des rayons de lumière semblables à ceux du soleil; ils touchent tous les êtres, les délivrant de toutes leurs souffrances et de toutes leurs impuretés puis leur conférant la bénédiction du corps, de la parole et de l'esprit Eveillés. Dans cette pensée, nous gardons quelques instants l'esprit au repos.

Si nous pouvons réciter ne serait-ce que sept fois chaque jour cette prise de refuge, nous en retirerons un grand bienfait. En cette vie, nous serons protégés de la souffrance, notre esprit se tournera vers le *dharma* et nous pourrons avancer sur un chemin dont les obstacles seront écartés. Non seulement cela, mais dans toutes nos vies à venir, nous nous retrouverons dans l'orbe des Trois Joyaux et des Trois Racines jusqu'à ce que nous obtenions nous-mêmes l'Eveil. Ne croyez pas que cette récitation quotidienne de la prise de refuge soit quelque chose d'insignifiant; la portée en est très grande. Le Bouddha a dit très clairement que celui qui le faisait, quels que soient les actes négatifs qu'il ait pu commettre, ne pourrait, après cette vie, renaître dans les mondes inférieurs. Il n'y a pas à entretenir de doutes sur ce sujet.

Après la prise de refuge, nous récitons la génération de l'esprit d'Eveil. Tous les êtres des trois sphères et des six mondes vivent dans la souffrance. Nous pensons qu'il nous faut tous les en libérer et les établir dans le bonheur définitif de l'état de *bouddha* et que, pour cette raison, nous allons méditer.

(récitation)

Nous pensons ensuite que les *bouddhas* et les différents aspects du refuge, heureux de notre motivation, se résorbent en une lumière qui se fond en nous. Nous imaginons ainsi que le corps, la parole et l'esprit des *bouddhas* sont devenus un avec notre corps, notre parole et notre esprit et nous gardons un moment l'esprit au repos.

(méditation)

Une épingle à la recherche de l'esprit

Nous allons maintenant méditer dans l'état de vacuité de l'esprit. Nous pensons habituellement: "J'ai un esprit" et nous avons tendance à le localiser dans le corps. Certains pensent qu'il se trouve dans la

Le Bouddha Vajradhara,
origine des tantras.

tête, d'autres dans le cœur; ce ne sont que des opinions ne correspondant pas à un examen direct. En fait, nous ne savons pas vraiment ce qu'est cet esprit.

Sous le pouvoir d'une ignorance fondamentale, l'esprit s'assimile à un "moi" et pense "moi, j'existe, je suis ce corps". Cette identification au corps recouvre la totalité de notre organisme physique; nous ne saurions la limiter à la tête ou au cœur. Nous pouvons en faire l'expérience toute simple avec une épingle: nous nous piquons la tête, c'est l'esprit qui ressent la douleur; nous nous piquons la main, c'est l'esprit qui ressent la douleur; nous nous piquons le pied, c'est l'esprit qui ressent la douleur. Quelle que soit la partie de notre corps que nous piquions, c'est toujours l'esprit qui éprouve la douleur. Ceci prouve que l'esprit est présent dans tout notre corps et non dans une partie seulement.

La participation de l'esprit ne se limite pas au corps, mais s'étend, par le biais des organes des sens, au monde extérieur. L'esprit lui-même est un "potentiel de conscience*" qui se diversifie dans les six consciences* sensorielles: consciences visuelle, auditive, olfactive, gustative, tactile et mentale. Liées aux organes des sens, elles perçoivent les objets extérieurs correspondants: formes, sons, odeurs, etc. L'esprit est donc partie intégrante de la perception du monde.

D'une certaine manière, l'esprit n'est pas même limité par les distances physiques. Si nous pensons à la Chine ou à l'Inde, ces pays apparaissent dans notre imagination. Ceci ne veut bien sûr pas dire que nous nous rendions rapidement dans l'un ou l'autre de ces pays lointains; il suffit en effet qu'une personne à côté de nous dise quelque chose qui attire notre attention pour que notre conscience auditive nous replace dans le contexte présent. Mais cette faculté qu'a notre esprit de se promener en imagination sans limitations est un indice de son omniprésence.

L'esprit est fondamentalement le même dans tous les êtres. Si nous prenons un tout petit insecte, de la taille de la pointe d'une aiguille, il a, comme nous, la faculté de ressentir: il éprouve la peur, la faim, la soif, toutes sortes de sensations. Un éléphant possède, lui aussi, les mêmes capacités. Les conditionnements karmiques imposent des différences dans l'intensité et les modalités de ce qui est perçu, mais on rencontre un même esprit comme fondement du ressenti.

Méditation sur l'esprit

Cet esprit qui pénètre toutes choses, cet esprit commun à tous, il nous faut comprendre ce qu'il est.

L'esprit, en premier lieu, est *vide*, en ce sens qu'il n'existe pas en tant qu'objet: il n'a ni couleur, ni forme, ni poids, etc. Il n'a pas non plus de côté ni de frontière, pas de centre ni de circonférence. N'étant matériellement rien, il est semblable à l'espace. Il est nécessaire de le savoir, car la vacuité est très différente de l'expérience que nous faisons maintenant de notre esprit: quelque chose de très petit, que nous appelons "moi", quelque chose de limité à notre corps, d'étriqué et par conséquent source de très nombreux problèmes.

Plaçant notre dos bien droit, nous méditons dans cette vacuité vaste comme l'espace, l'esprit ouvert.

(méditation)

"J'ai un esprit; il se trouve dans mon corps; je veux obtenir ce qui me plaît, éviter ce qui est déplaisant": ce mode de fonctionnement constitue un lourd fardeau qui nous cause bien des ennuis. Si, au contraire, nous nous plaçons dans un état d'ouverture et d'aise où nous reconnaissons l'esprit tel qu'il est vraiment, pénétrant toutes choses, dépourvu de toute limitation matérielle, nous éprouvons alors naturellement une sensation de détente et de légèreté, sans aucune complexité.

(méditation)

La vacuité de l'esprit dans laquelle nous nous plaçons est semblable à l'espace, mais non pas à un espace obscur où ne brilleraient ni le soleil, ni la lune, ni même les étoiles, mais à l'espace du jour éclairé par le soleil, limpide et vaste. Lorsqu'on se pose dans la nature de l'esprit, dans sa vacuité, on doit le faire avec cette qualité d'ouverture et de limpidité. En second lieu, nous méditons donc sur la "clarté" de l'esprit. Vacuité et clarté ne sont pas deux aspects qu'on pourrait isoler, l'un se trouvant d'un côté, l'autre de l'autre. De la même manière que par une journée ensoleillée, le ciel et la lumière ne font qu'un, la clarté et la vacuité de l'esprit sont indissolublement mêlées.

(méditation)

Vacuité et clarté sont, en elles-mêmes, inertes: elles ne peuvent générer aucun acte, bénéfique ou négatif, elles ne peuvent engendrer ni pensées ni émotions conflictuelles. Quand on demeure dans l'état de clarté-vacuité, semblable à l'espace vide, il y a en même temps une qualité connaissante, une intelligence (sct. *vidya*, tib. *rikpa*) qui est consciente de la clarté et de la vacuité. La vacuité-clarté est comme la paume de la main et cette intelligence comme la perception évidente que nous en avons. Dans la nature de l'esprit, toutefois, rien ne divise ces trois aspects. Nous méditons maintenant en prenant particulièrement conscience de cette intelligence.

(méditation)

L'esprit au large

L'esprit est donc décrit sous ces trois aspects: vacuité, clarté, intelligence. Si l'on médite en s'appuyant sur ces trois aspects, de manière très vaste, très ample — que l'on pratique la pacification mentale*, la vision supérieure* ou les phases* de création et d'achèvement des divinités* du *vajrayana* — cela procure une grande aise, une grande facilité et accroît l'efficacité. Si, au contraire, nous demeurons dans notre perception ordinaire: "C'est moi; je suis dans ce corps", les mêmes pratiques se feront avec peine, de manière étriquée, comme si nous étions coincés dans un défilé étroit et encaissé dont nous ne saurions pas sortir. Il est donc très important de savoir méditer comme nous venons de le voir.

Quand bien même le lama qui donne les instructions sur la pacification mentale, la vision supérieure ou les méditations des divinités serait excellent, si le disciple aborde ces techniques avec l'esprit renfermé sur lui-même, il ne verra jamais se développer les qualités qui en découlent. Il risque fort, au contraire, d'être irrité par le lama et de lui en vouloir!

Cet esprit, union de la vacuité, de la clarté et de l'intelligence, va vers l'état de Bouddha; mais c'est lui aussi qui erre dans le *samsara*. Quand nous méditons, c'est cet esprit qui médite; quand s'élèvent des émotions conflictuelles ou des pensées, c'est lui qui les éprouve. Rien n'est expérimenté en dehors de l'esprit.

L'esprit en plein vol

Si l'on médite en ayant bien compris cette triple nature — vacuité, clarté, intelligence — de l'esprit, on le fait avec la liberté d'un oiseau qui vole dans le ciel. Rien n'obstrue sa route; il peut se rendre où il veut. Notre méditation sera alors efficace. Dans le cas contraire, nous sommes comme une créature encombrée de nombreuses pattes coincée dans un tout petit espace.

Pendant la méditation, certaines personnes ont mal à la tête, d'autres aux yeux, à la poitrine, ou bien éprouvent des gênes dans d'autres parties du corps. Toutes ces douleurs viennent d'une attitude d'esprit renfermée.

Nous pouvons comparer notre esprit doté de ses trois aspects à la mer. Les émotions conflictuelles et les pensées qui s'y produisent sont semblables aux vagues. Les vagues sont très nombreuses sur la mer; mais elles ne sont que de l'eau, la même eau que celle de la mer. Elles se forment à partir de la mer et se résorbent dans la mer. De la même manière, toutes les pensées et toutes les émotions procèdent de l'esprit et se résorbent dans l'esprit. Il peut être utile de méditer au bord de la mer: on peut voir, venant de loin, de petites vagues qui se forment, puis qui grossissent au point de devenir énormes et de sembler capables de tout détruire sur leur passage. Les vagues retournent ensuite à la mer et il ne reste rien d'elles. Les émotions et les pensées, de la même manière, s'élèvent dans notre esprit, gagnent une énorme puissance et finissent par retourner dans la vacuité sans qu'il reste rien d'elles. Puis en viennent d'autres, qui s'effacent à leur tour, pour laisser place à de nouvelles.

Soyez donc habiles à méditer. Lorsque, par exemple, un désir puissant, presque irrésistible, s'élève dans votre esprit, prenez la posture de méditation et demeurez dans un état de grande ouverture. Lorsque le désir s'élève, regardez simplement l'esprit dans ce désir qui s'élève, sans vous laissez distraire par autre chose; le désir se libérera alors de lui-même dans la vacuité. Chaque fois qu'il revient, vous le regardez de la même manière et chaque fois il se défait. A force de méditer ainsi, il arrivera que le désir se libère dans la conscience primordiale. Dès lors les manifestations des émotions seront elles-mêmes bénéfiques et ne pourront plus du tout vous nuire.

Reconnaître l'essence

Essayons maintenant de faire l'expérience de ce dont nous parlons. Prenant la posture de méditation correcte, nous laissons reposer notre esprit dans la vacuité, la clarté et l'intelligence. Des pensées de désir, de colère ou de jalousie vont sans doute survenir. Quand elles se manifestent, nous restons vis-à-vis d'elles dans un état de simple reconnaissance. Nous n'avons pas à penser qu'elles doivent disparaître ou qu'il faut les arrêter, mais à simplement reconnaître leur essence. De la sorte elles se libèrent d'elles-mêmes.

(méditation)

Dans ce type de méditation, toutes les émotions conflictuelles sont traitées de la même manière. Même si elles s'élèvent en grand nombre, c'est une bonne chose. Il ne faut pas les refouler. Il suffit de reconnaître leur essence; ceci ne présente pas de difficulté. C'est pour cette raison qu'on dit qu'elles se libèrent d'elles mêmes.

L'émotion principale que vous rencontrez est sans doute le désir-attachement. Si vous pouvez apprendre à la traiter par ce type de méditation, vous pourrez ensuite étendre cette approche aux autres émotions. Gampopa comparait la méditation à un feu; plus on alimente le feu avec du bois, plus il devient puissant et vif. De la même manière pour le pratiquant, plus la méditation rencontre d'émotions conflictuelles, plus forte brille la conscience primordiale.

Lorsqu'après votre travail vous vous trouvez fatigués, mentalement et physiquement, si vous établissez votre esprit dans cet état ouvert et spacieux dont nous avons parlé, la fatigue s'effacera aussitôt; vous vous sentirez détendus et reposés. Lorsque, d'autre part, s'élève en vous une forte émotion conflictuelle, si vous placez de la même manière votre esprit dans cet état semblable à l'espace, l'émotion se libérera d'elle-même. Ce sera extrêmement profitable.

Il faut, en premier lieu, bien comprendre en quoi consiste ce type de méditation, puis il faut l'appliquer. Ce n'est tout d'abord peut-être pas aussi facile de le comprendre que d'en parler; puis, quand on a compris, si on ne le pratique pas on ne peut en retirer aucun profit. Juste après avoir obtenu l'Eveil, le Bouddha dit:

J'ai trouvé un dharma pareil à l'ambroisie,
Profond, paisible, simple, incomposé, radieux.
Comme nul n'entendrait ce que j'en montrerais,
Je demeurerai coi au cœur de la forêt.

Il demeura donc absorbé dans sa méditation. Quelques semaines plus tard, les grands dieux de l'Inde védique, Brahma et Indra, vinrent le prier d'enseigner aux hommes qui, sans personne pour les guider, étaient comme des aveugles dans le *samsara*. Répondant à cette requête, il accepta alors d'enseigner.

Question — Cette pratique dans laquelle les émotions se libèrent d'elles-mêmes est-elle suffisante pour mener jusqu'à l'Eveil?

Kalou Rimpotché — Oui, c'est possible, car elle permet que les émotions se transforment en sagesses*, plus précisément dans ce qui, au niveau de l'Eveil, est appelé les “cinq sagesses” et qui, au niveau des moyens, est représenté par les cinq “Bouddhas Patriarches*”.

Question — Rimpotché nous a expliqué que les émotions s'élevaient de l'esprit et retournaient dans l'esprit. Mais si je me réfère à ma propre expérience, je ne vois pas très bien, dans ce cas, ce qu'on appelle l'esprit. Ce n'est qu'un mot, mais qui ne désigne rien de particulier. Je suis censé avoir un esprit, mais je ne peux pas le trouver.

Kalou Rimpotché — Pour répondre à cette question, nous pouvons prendre une citation[1] du Troisième Karmapa, Rangjoung Dordjé :

L'esprit : il n'y a pas d'esprit, il est vide d'essence mentale;

---

1 - Cette citation est extraite des *Souhaits du Mahamoudra*, dont on trouvera une traduction complète ainsi qu'un commentaire détaillé dans le livre de Bokar Rimpotché *L'Aube du Mahamoudra*, éditions Claire Lumière.

Vide, il est en même temps inentravé et se manifeste
en toutes choses;
Puisse un parfait examen trancher toute indécision.

et encore:

L'esprit n'est pas existant: les Vainqueurs[1]
eux-mêmes ne le voient pas;
Il n'est pas inexistant: il est le fondement universel du samsara
et du nirvana;
Il n'est pas l'amalgame de contraires, mais l'union,
la voie du milieu;
Puissé-je réaliser le cela-même de l'esprit dépourvu d'extrêmes.

Je vous ai donné les méthodes qui, je pense, permettent que chaque fois que se produisent des émotions conflictuelles, des pensées ou des souffrances, elles se libèrent d'elles-mêmes. Il dépend maintenant de vous que vous les mettiez en pratique ou non. Vous avez le choix entre rester empêtrés dans les émotions conflictuelles ou bien vous en dégager. C'est comme vous le voulez: vous restez prisonniers ou vous vous placez dans une situation confortable en laissant les émotions se libérer d'elles-mêmes.

Vancouver, juin 1982

Des rides sur l'eau

Dans le *vajrayana* nous trouvons les trois manières de traiter les émotions conflictuelles en relation avec les tantras dits extérieurs, intérieurs et secrets. Les *tantras* extérieurs utilisent le rejet des émotions, les *tantras* intérieurs leur transformation et les *tantras* secrets la simple reconnaissance de leur essence. Le *vajrayana* représente en fait le chemin le plus direct pour échapper à l'emprise des émotions. Jusqu'à Marpa le traducteur, la plupart des pratiquants ne se mettaient pas dans une situation où ils se protégeaient extérieurement des émotions, mais ils les traitaient intérieurement[2]. Marpa donnait lui-même

1 - Les Bouddhas.

2 - Marpa était marié, père de famille et menait *apparemment* une vie ordinaire, alors que par la suite la plupart des pratiquants seront moines. Il était particulièrement réputé pour la violence de ses colères.

Le roi Indraboddhi.

un exemple permettant de comprendre ce qu'était son expérience du désir et de la colère, différente de ce que les autres pouvaient en percevoir. Pour les gens de l'extérieur, disait-il, ses émotions semblaient être des dessins gravés dans le roc; pour lui, ce n'était que des rides à la surface de l'eau.

Les méthodes permettant de se libérer des émotions par le rejet, la transformation ou la reconnaissance de l'essence appartiennent toutes à l'enseignement du Bouddha. Ils ne les a cependant pas toutes données dans un cadre unique, mais a exposé telle ou telle approche en rapport avec les facultés variées de ceux à qui elles s'adressaient, proposant à chaque fois celle qui se révélerait utile.

Le roi Indraboddhi invite le Bouddha

A l'époque du Bouddha Shakyamouni, le roi Indraboddhi gouvernait un royaume opulent et puissant dans la région de l'actuel Cachemire. Le roi menait grand train de vie, s'entourait de tous les luxes et de tous les plaisirs, au point que, dit-on, il jouissait de la compagnie de cinq cents reines le jour et de cinq cents autres la nuit.

Le roi et sa cour étaient un jour montés sur la terrasse du palais pour contempler le paysage. Le roi vit alors passer au loin dans le ciel, une étrange troupe d'oiseaux jaune d'or et, n'en ayant jamais vu de semblables, il interrogea son entourage: que pouvaient bien être ces oiseaux si beaux et si majestueux? L'un des ministres, qui connaissait le Bouddha et savait quels prodiges il pouvait accomplir, lui donna la réponse: "Majesté, dit-il, ce ne sont pas des oiseaux, mais le Bouddha et cinq cents moines qui, grâce à leurs pouvoirs, parcourent ainsi le ciel". Le roi en fut émerveillé. Il demanda si un tel être, au cas où on lui ferait parvenir une invitation, répondrait favorablement. Le ministre répondit que cela ne faisait aucun doute et qu'il n'était pas même besoin d'envoyer un messager; il suffisait de prier sincèrement pour qu'il vienne, de disposer des offrandes sur la terrasse et de faire brûler de l'encens. Ainsi fut fait et le Bouddha et sa suite descendirent jusqu'au palais du roi. Convaincu de la grandeur du Bouddha qui était venu du seul fait qu'on l'avait prié, le roi, après avoir offert des présents et un repas, lui demanda de lui enseigner le *dharma*. L'hôte excellent lui exposa donc les quatre nobles vérités* — la souffrance, son origine, sa cessation, le chemin qui y mène — démontrant le caractère douloureux et frustrant du cycle des existences, insistant sur le renoncement et le désengagement de toute activité temporelle. Le roi en fut attristé et surpris.

— S'il faut absolument adopter une telle règle de conduite pour atteindre l'Eveil, dit-il, je n'y parviendrai jamais. C'est impossible dans ma situation. S'il existe d'autres instructions, grâce auxquelles il serait possible de se libérer du monde sans abandonner les émotions conflictuelles, ayez la bonté de me les donner; s'il n'en existe pas, je dois simplement renoncer à l'Eveil.

Le Bouddha, ayant le pouvoir de connaître les esprits, sut que le roi était un être aux facultés spirituelles supérieures. Il fit alors en sorte qu'il devienne invisible pour les moines et l'entourage, et que ceux-ci deviennent invisibles pour le roi. Le Bouddha lui-même changea d'aspect: il apparut devant le roi sous l'apparence de la divinité tantrique Gouyasamadja, dont il lui conféra l'initiation en même temps que des instructions sur la vraie nature de l'esprit et sur le *mahamoudra**.

Après le départ du Bouddha, le roi appliqua sans interruption les instructions sur la reconnaissance du mode d'être de l'esprit, quelle que soit l'activité extérieure qu'il poursuivait en même temps. Au bout de douze ans, il obtint la libération.

Nous avons là un exemple particulier de la possibilité d'atteindre l'Eveil sans rejeter la vie ordinaire ni le jeu extérieur des émotions.

Il est dit que la connexion karmique qui existait entre le roi Indraboddhi et son peuple était si grande qu'après avoir atteint lui-même l'Eveil, il conféra l'initiation et les instructions à tous ses sujets. Si nombreux furent ceux qui grâce aux accomplissements du *mahamoudra* obtinrent la libération que cette région du Cachemire fut réputée pour s'être complètement dépeuplée.

Samyé-Ling, mars 1983

4 - La compassion

Un lien de parenté avec tous les êtres

L'amour et la compassion ne doivent pas faire acception de personne, mais s'appliquer à tous les êtres. Une telle universalité sera possible si l'on prend conscience qu'il n'y a aucun être qui n'ait été notre père ou notre mère dans nos vies passées. Les êtres tournent dans le cycle des existences* depuis des temps sans commencement, ils ont tous pris naissance d'innombrables fois au cours de *kalpas** innombrables, de sorte que chacun s'est trouvé dans la situation d'être père, mère, fils ou fille pour chaque autre. Le Bouddha est omniscient et possède, par définition, la connaissance de tous les phénomènes de tous temps: passé, présent, avenir. Cette omniscience lui permet d'affirmer qu'on peut dénombrer les particules de matière composant le sol d'un vaste pays, mais qu'il n'est pas possible de compter le nombre de fois que chaque être a été pour chaque autre dans la situation de père ou de mère.

Lorsqu'ils furent pour nous père et mère, comment ont-ils agi à notre égard? Avec la même sollicitude que celle que nos parents nous ont montrée en cette vie. De notre naissance jusqu'à ce que nous soyons devenus adultes, ils nous ont toujours donné, avec beaucoup d'amour, tout ce dont nous avions besoin, choisissant pour nous les meilleures choses: la nourriture, les vêtements, les soins quand nous étions malades, l'éducation, etc. Tous les êtres, au cours de nos vies innombrables, ont agi de la même manière. Continuant leur errance dans le cycle des existences, ils ont maintenant repris naissance dans des situations que nous ne pouvons deviner, souffrant de différentes manières.

Le samsara est bien risible!

Katayana était un des disciples directs du Bouddha Shakyamouni qui, ayant atteint l'état d'*arhat**, possédait certains pouvoirs psychiques. Un jour qu'il mendiait sa nourriture, il vit une jeune femme assise sur le pas de sa porte qui, tout en berçant son nouveau-né qu'elle serrait tendrement contre sa poitrine, mangeait un poisson. Son repas terminé, elle jeta l'arête à une chienne qui guettait sa pitance et cria pour la chasser. Grâce à ses pouvoirs, Katayana put voir quels liens karmiques unissaient ces quatre êtres: la femme, le bébé, le poisson et la chienne. Le poisson n'était autre que le père de la jeune femme, décédé quelques années auparavant. Le bébé était une personne avec qui elle avait entretenu une haine réciproque, morte aussi dans les années précédentes. Quant à la chienne, c'était la réincarnation de sa mère. La femme ne pouvait qu'ignorer ces relations. Elle était loin de penser qu'elle serrait son ennemi contre son cœur, qu'elle mangeait son père et qu'elle rejetait violemment sa mère.

Katayana s'exclama: "Manger son père, brutaliser sa mère et chérir son ennemi, quel étrange spectacle que le *samsara*!" Et il éclata de rire.

Une compassion universelle

Nous ne pouvons jamais savoir quels liens karmiques nous unissaient dans nos vies immédiatement précédentes à ceux avec qui nous avons maintenant des relations proches. La seule chose que nous pouvons tenir pour certaine, c'est que tous ont été notre père et notre mère un grand nombre de fois et c'est en cela que nous avons envers eux une dette de reconnaissance. Lorsque nous voyons quelqu'un dans une condition misérable, pauvre ou malade, comprenons que cette personne a été de nombreuses fois notre père et notre mère. L'esprit obscurci par l'ignorance*, elle-même ne le sait pas. Mais nous, le sachant, nous devons chercher tous les moyens de la soulager et développer pour elle autant d'amour et de compassion que nous le pouvons.

Lorsque nous voyons une personne jeune, heureuse et en bonne santé, bien que nous comprenions qu'elle fut notre père et notre mère, nous pouvons penser qu'elle n'a pas besoin maintenant de notre compassion. Mais la compassion n'est pas un sentiment ponctuel, elle embrasse la totalité de la situation des êtres. Celui qui maintenant est jeune et heureux sera inévitablement affecté par la souffrance du changement: il tombera malade, mourra et souffrira. Il ne peut donc nullement être exclu du champ de notre compassion.

Les personnes âgées ont aussi été notre père et notre mère. Accordant une grande importance à cette vie et à ce monde, elles leur ont peut-être consacré toutes leurs forces et accordé toute leur attention. Elles n'ont maintenant plus grand chose à en attendre si ce n'est la maladie et la mort. Peut-être, de plus, ont-elles commis en cette vie qui s'achève de nombreux actes négatifs* qui produiront beaucoup de souffrances dans leurs vies à venir. Notre compassion se doit de les aider à éviter des souffrances autant que faire se peut et de les établir sur le chemin de l'Eveil.

Les puissants et les riches de ce monde sont bien souvent exclus du champ de la compassion. Pourtant, eux aussi, ont été nos pères et nos mères. Leur situation actuelle procède d'actes positifs accomplis dans des vies passées. Elle n'est cependant pas nécessairement enviable, car non dénuée de dangers. Il a, en effet, été dit par le Bouddha:

Le lieu de la puissance est aussi celui des actes négatifs;
Le lieu de la richesse est aussi celui de la cupidité.

Ces actes négatifs et cette cupidité mûriront dans les existences à venir sous forme de souffrance, que ce soit dans le monde des enfers*, celui des esprits avides*, ou bien en reprenant une existence humaine misérable et douloureuse. Les puissants et les riches méritent pour cela notre compassion, et nous devons chercher les moyens leur permettant d'éviter les souffrances à venir.

Aimer nos ennemis

Nous rencontrons aussi des gens cherchant à nous nuire, se montrant agressifs ou simplement désagréables à notre égard. Notre réaction habituelle est de répondre en manifestant nous-mêmes colère ou agressivité. C'est une réaction erronée. Celui qui agit maintenant en ennemi envers nous a été notre père et notre mère de très nombreuses fois dans nos vies passées. L'esprit obscurci par l'ignorance, il ne peut le reconnaître. En raison des actes négatifs qu'il accomplit maintenant, incapable de se libérer du cycle des existences, il devra continuer à y endurer d'innombrables souffrances. Reconnaissant nous-mêmes qu'il a été notre père et notre mère, loin de nous laisser emporter par la colère contre lui, nous développerons la compassion et ferons tout ce qui est en notre pouvoir pour le libérer de la souffrance et lui donner le bonheur.

Les animaux, qu'ils vivent sur la terre, sous la terre ou dans les eaux, ont un type d'existence très difficile et souffrent de toutes sortes de manières. Tous ont été nos pères et nos mères un grand nombre de fois. Les actes négatifs commis dans les vies passées leur ont imposé leur mode d'existence présent. Non seulement ils souffrent, mais leur esprit est habité de toutes les passions: le désir-attachement, l'aversion, l'aveuglement, la cupidité, la jalousie. Ils sont par contre incapables par nature d'avoir de la foi, de la compassion et de l'intelligence spirituelle. Eux aussi doivent être englobés dans notre compassion.

La plupart des gens vivent en famille, membres d'un tissu de relations qui inclut père, mère, mari, femme, enfants, frères ou sœurs. Il n'est pas rare que les rapports familiaux soient entachés par les mésententes et les querelles. S'il nous arrive d'être pris dans ce type de difficultés, rappelons-nous alors que ceux avec qui nous avons du mal à nous entendre maintenant se sont occupés de nous avec beaucoup d'attention et d'amour lorsqu'ils furent nos parents des vies passées. Des liens karmiques antérieurs font que nous sommes maintenant unis par des liens familiaux. S'il arrive qu'un membre de notre famille se mette en colère contre nous ou nous cherche querelle pensons alors: "Il se met en colère car il ne sait pas le véritable lien qui unit les êtres; mais moi qui ai la chance de connaître le *dharma*, sachant qu'il a été mon père et ma mère, je ne me mettrai pas en colère en retour. Cultivant au contraire la patience, par amour et par compassion je chercherai les moyens de le rendre heureux."

Développant la compassion, il nous faut ainsi:

- par le corps, éviter de tuer ou de créer de la souffrance, mais agir avec douceur et gentillesse;
- par la parole, éviter la critique, le mépris, la médisance, les paroles

Avalokita (Tchènrézi),
personnification de la compassion.
Ses quatre bras symbolisent l'amour infini, la compassion infinie, la joie infinie et l'équanimité infinie.

qui humilient, qui blessent ou qui menacent, mais parler avec bonté et à bon escient;
- par l'esprit, éviter la malveillance, mais développer la bienveillance et le sincère désir du bonheur d'autrui.

Les quatre sortes de dons

La compassion s'exprime encore par les quatre sortes de dons: don matériel, don de la sécurité, don du *dharma* et don de l'amour.

— Le "don matériel" consiste à donner à ceux qui sont dans le besoin: de la nourriture à ceux qui ont faim, des vêtements à ceux qui n'ont pas de quoi se vêtir, etc.

— Le "don de la sécurité" s'applique à ceux qui, ne pouvant se protéger eux-mêmes, ont besoin du secours d'un autre: les malades, les animaux menacés, etc. Racheter des poissons vivants et les remettre à l'eau se rattache à ce type de don.

— Le "don du *dharma*" est pratiqué lorsque, ayant soi-même une véritable connaissance du *dharma*, motivé par une grande compassion qui pousse à aider les autres, on explique divers aspects de la vie spirituelle, comme la différence entre les actes négatifs et les actes positifs, la nécessité de s'abstenir des premiers et d'accomplir les seconds, etc. C'est le plus haut de tous les dons, mais il faut bien en comprendre les implications. Par exemple, je m'adresse maintenant à vous pour vous donner un enseignement. Si je le fais motivé par la pensée que depuis des temps sans commencement vous errez dans le cycle des existences, que vous y avez subi d'innombrables souffrances, que vous avez sans doute dans votre potentiel karmique de nombreuses souffrances qui mûriront dans vos vies futures et qu'il faut que je vous aide à vous en libérer, alors l'enseignement que je vous donne sera bénéfique pour vous et l'occasion pour moi d'accumuler un immense mérite*. Si, par contre, j'enseigne non par compassion mais par intérêt financier ou par soif de célébrité, je doute que ce soit utile pour vous, et quand bien même ce le serait, je n'en retirerais moi-même rien de bon car ma motivation serait pervertie. Ceci s'applique aussi bien au don matériel et au don de la sécurité: lorsqu'on les pratique avec le seul désir d'aider, on en retire un grand bienfait qui contribue à l'obtention de l'Eveil. Mais lorsqu'on les pratique en vue de sa propre glorification, la notoriété qu'on en retirera sera elle-même la récompense; elle consumera tout le bienfait de l'acte généreux.

— Le "don de l'amour" prend en considération les souffrances de tous les êtres. Le cycle des existences est composé de six classes, chacune étant plus spécialement marquée par un type de souffrance:
- les êtres des enfers* subissent d'immenses tourments infligés par une chaleur ou un froid insupportables;
- les esprits avides* souffrent d'une faim et d'une soif qu'ils ne peuvent jamais satisfaire;
- les animaux sont affligés d'une intelligence très limitée et d'un instinct qui les pousse à s'entre-dévorer;
- les hommes ont à subir les douleurs de la naissance, de la vieillesse, de la maladie et de la mort;
- les demi-dieux* sont continuellement pris dans les querelles et les conflits;
- les dieux* souffrent, à la fin d'une très longue vie de plaisirs, de se voir tomber dans des mondes inférieurs.

Prendre la souffrance, donner le bonheur

Lorsqu'on pratique le don de l'amour, on pense à cet océan de souffrances, non seulement celles qui sont maintenant effectivement vécues, mais aussi celles qui, inscrites dans le potentiel karmique, s'actualiseront dans l'avenir. On imagine que toutes ces souffrances, ainsi que les fautes et les voiles* de l'esprit des êtres, prennent la forme d'une lumière noire qu'on inspire par la narine droite et qui va se dissoudre dans la vacuité du cœur. On pense alors que tous les êtres sont libérés de la souffrance que l'on vient de prendre sur soi.

Puis, on imagine que toutes les qualités, tout le bonheur et toutes les joies que l'on a, prennent la forme d'une lumière blanche qu'on expire par la narine gauche. On pense que cette lumière enveloppe tous les êtres et qu'ils deviennent parfaitement heureux. On fait ainsi un certain nombre de cycles respiratoires en poursuivant cette visualisation.

On peut se demander quel est l'effet réel d'une telle méditation.

Ceux vers qui elle est dirigée en reçoivent-ils vraiment les bienfaits? En fait, cette méditation permet de développer une attitude d'esprit positive, dont le résultat, pour celui-là même qui médite, est la réduction des fautes et des voiles* et l'accroissement du mérite et de la sagesse, ce qui, ultimement, conduit à l'Eveil. Une fois l'Eveil atteint, on devient capable d'établir effectivement dans le bonheur un nombre d'êtres infini et de les libérer vraiment de la souffrance. L'effet n'est donc pas immédiat; mais la méditation du don de l'amour est loin de n'être qu'un acte de l'imagination.

Etant des êtres ordinaires, nous avons un très fort sentiment d'égo: “j'existe”, “c'est moi”. Du fait que l'idée du moi est très fortement ancrée en nous, il est possible que, pratiquant une méditation au cours de laquelle nous imaginons prendre la souffrance des autres, nous craignions de nous nuire à nous-mêmes. Nous pourrions donc préférer ne pas faire ce type d'exercice ou ne le pratiquer qu'avec une certaine réticence. Ce serait une erreur; il faut au contraire s'y livrer pleinement en pensant: “Ce que je veux c'est pouvoir prendre effectivement sur moi la souffrance des êtres, les en libérer et l'endurer moi seul”. La méditation de la prise en charge des souffrances et du don du bonheur produit des bienfaits pour le méditant dès cette vie: longue vie, absence de maladies, réalisation des souhaits et des projets. Ultimement, elle contribue à l'obtention de l'Eveil. Mais si nous pratiquons la méditation en ayant pour arrière-pensée le bénéfice que nous pouvons en retirer pour nous-mêmes, il est évident que nous la faussons totalement. Durant la méditation nous n'avons nullement à envisager le résultat, mais nous la faisons avec la motivation pure du bien d'autrui.

Taichung 25 mars 1986.

Vacuité et compassion

Lorsqu'on comprend bien la notion de vacuité* de l'esprit et qu'on réalise ce qu'elle signifie, l'esprit se dilate dans une joie, un bonheur et une liberté qui lui sont propres. De plus, on voit alors que les êtres ordinaires, ne percevant pas cette vacuité, pensent en termes de “moi” et de “j'existe”. Cette erreur leur fait prendre tous les phénomènes pour réels et ils expérimentent toutes sortes de souffrances. La compassion que l'on conçoit pour eux est d'autant plus grande que l'on perçoit le fondement du mécanisme de la souffrance. La compréhension de la vacuité et la compassion se soutiennent en fait mutuellement.

Taichung, 25 mars 1986.

La condition douloureuse des animaux

Les êtres des enfers et les esprits avides endurent de terribles tourments. Néanmoins, le *karma** qui engendre ce type d'existence et le nôtre sont trop différents pour que la communication soit possible: nous ne pouvons pas les voir, et c'est pourquoi nous doutons parfois de leur existence.

La plus grande partie des êtres qui constituent la classe des animaux sont pour nous tout aussi invisibles; il en existe toutefois un certain nombre que nous pouvons voir et observer, paisibles ou féroces, vivant sur terre ou dans les eaux. Tous n'ont qu'une intelligence limitée, mais les animaux des mers et des rivières, les poissons et les crustacés, semblent avoir un esprit très opaque et des capacités mentales fort restreintes. Ils n'en sont pas pour autant libres du désir-attachement; il est au contraire très puissant chez eux, plus particulièrement en relation avec la nourriture, ce qui permet aux pêcheurs de les attraper et de les tuer. Enfin, l'aversion les pousse à s'entre-tuer et à s'entre-dévorer. Opacité mentale, désir-attachement, aversion: les trois poisons sont ainsi pour eux la cause de nombreuses souffrances et, par le corps et l'esprit, ils expérimentent, tout comme nous, la souffrance et la peur.

Une aide véritable

Cependant, ils ne possèdent guère de moyens de s'en préserver, et personne ne songe à les protéger: leur condition d'existence est la conséquence d'un très mauvais *karma* accumulé dans les vies passées. C'est donc un acte de grande compassion que de les protéger en relâchant ceux qui, ayant été pris, sont exposés vivants à la vente sur les marchés, destinés à être tués pour être consommés. Les rendant à leur milieu naturel, nous leur redonnons la vie. Ne serait-ce que quelques jours ou quelques semaines, c'est déjà très bénéfique. Nous pouvons,

par ailleurs, utiliser trois méthodes grâce auxquelles, en plus d'un bien temporel, nous donnons un bien spirituel:
- en récitant pour les animaux relâchés des *mantras* et les noms des *bouddhas*, dont la simple audition a le pouvoir de conduire à la libération;
- en leur donnant à manger des substances consacrées, dont il est dit que les toucher avec la bouche suffit pour ne pas renaître dans les mondes inférieurs et pour se trouver établi sur un chemin qui, ultimement, conduira à l'Eveil;
- en répandant sur leur corps du sable consacré par la récitation de *mantras**, dont le contact empêche, lui aussi, la chute dans les mondes inférieurs.

Ces trois méthodes sont appelées "libération par l'audition", "libération par le goût" et "libération par le contact". La portée de l'aide ainsi donnée est donc tant ultime que temporelle.

Hong-Kong, 19 mars 1986

Sauver la vie

Les hommes et les animaux ont en commun l'identification au moi, la saisie égocentrique. Ils ont tous le sentiment: "moi, j'existe." De là procèdent la peur, la maladie et la souffrance.

Il existe dix actes négatifs, commis par le corps, la parole et l'esprit. Le plus grave est celui de supprimer la vie. Il est dit que le résultat karmique en est d'expérimenter les enfers pendant un *kalpa**, puis d'être tué soi-même cinq cents fois. Aussi grave est l'acte de supprimer la vie, aussi grand est le mérite de la sauver. Quand on rend la vie à des animaux, ce mérite* est d'autant plus vaste si l'on y ajoute une protection spirituelle, en récitant des *mantras*, en donnant des substances consacrées et en répandant du sable béni.

Les poissons devenus dévas

A l'époque du Bouddha Shakyamouni, l'un des multiples royaumes de l'Inde était gouverné par le roi "Seigneur des Dieux". Il avait à sa cour un fort habile médecin dont le fils, jeune homme très bon, aimait à parcourir la campagne. Il se promenait un jour dans les collines, quand, de loin, il vit tournoyer à basse altitude un vol d'oiseaux prédateurs. S'approchant, il vit un étang sur le point d'être asséché; les oiseaux venaient manger les poissons qui ne pouvaient plus trouver refuge dans les profondeurs des eaux. Tout ému par ce qu'il voyait, il pensa: "Ces pauvres poissons vont mourir. Que faire?"

Aussi vite qu'il le put, il retourna chez son père, lui conta l'affaire et lui demanda de trouver une solution. Le médecin comprit qu'il fallait avoir recours au roi lui-même. Il demanda donc à être introduit, reprit le récit de son fils, expliqua la sollicitude de celui-ci pour les poissons et demanda en son nom que sa majesté veuille bien intervenir. Le roi, touché à son tour, ordonna que fût envoyée sur-le-champ une troupe d'éléphants chargés de barriques d'eau, qu'on les déversât dans l'étang et qu'on récitât en même temps des *mantras* et les noms des *bouddhas*.

Il arriva néanmoins que, plus tard, faute de pluie, l'étang s'assécha et que moururent les dix mille poissons qui en étaient les hôtes. Tous reprirent naissance comme *dévas* dans le ciel des Trente-trois[1] dotés des pouvoirs de clairvoyance propres à leur état. Ils purent donc voir que le Bouddha enseignait en Inde, descendirent l'écouter et comprirent la nature de l'esprit.

Ils se demandèrent alors quel mérite passé avait bien pu leur valoir un destin aussi heureux: naître comme *dévas*, rencontrer le Bouddha et recevoir ses enseignements. Faisant usage de leurs pouvoirs mentaux, ils virent que, dans leur vie précédente, ils avaient été ces poissons qui avaient reçu l'eau et les *mantras* salvateurs. Afin d'exprimer leur reconnaissance au fils du médecin, ils firent tomber sur sa maison une pluie de fleurs. Etonné — on l'aurait été à moins — il voulut en connaître la raison. Il se rendit auprès du Bouddha pour la lui demander et sut ainsi que les fleurs étaient la marque de reconnaissance des *dévas* qu'il avait protégés quand ils n'étaient que des poissons dans un étang sans eau.

Chiaï, 4 avril 1986

1 - Nom d'un des mondes des dieux, gouverné par un groupe de trente-trois ministres.

Une association pour les poissons[1]

A l'attention des bienfaiteurs et disciples de Taiwan qui ont foi et dévotion,

Tout être, quel qu'il soit, considère son corps et sa vie comme très chers et leur est très attaché; de là viennent douleurs, peurs et souffrances. Si l'on nous transperçait, si l'on nous battait et si l'on nous frappait pour nous faire mourir, quelles ne seraient pas notre angoisse et nos souffrances! Les animaux ne nous font aucun mal; nous nous emparons pourtant d'eux contre leur volonté, nous leur infligeons d'insupportables souffrances physiques et nous leur prenons la vie.

Ces animaux, pendant de nombreuses vies passées, ont été notre père et notre mère. Nous-mêmes jouissons maintenant — résultat d'actes antérieurs vertueux — d'une existence dotée d'une certaine liberté et d'une certaine aisance. Si, grâce à elle, nous pouvons sauver de la mort et de la souffrance des animaux qui ne peuvent rien pour se protéger eux-mêmes, par cela, nous payons de retour la bonté de nos parents des vies passées. Supprimer une seule vie conduit à renaître en enfer pendant un *kalpa*. Puis, cinq cents fois notre vie sera prise en retour; enfin, au cours de nombreuses existences nous aurons un corps laid et misérable et de continuelles menaces pèseront sur notre vie. Sauver un seul être de la mort et de la souffrance conduit par contre, pendant des centaines de vies, à ne renaître que *déva* ou homme pourvu de bonnes conditions d'existence; on aura longue vie, bonne santé, abondance de biens, parfaits bonheur et aise. Si, plus particulièrement, nous donnons aux animaux des substances sacrées qui libèrent par le goût, du sable qui libère par le contact, et si nous récitons pour eux les noms des Bouddhas et des *mantras*, où que nous prenions naissance, nous aurons longue vie, beauté physique, voix agréable, grande sages-

---

1 - Kalou Rimpotché portait grande affection aux animaux. Il aimait beaucoup visiter les zoos et réciter des *mantras* pour les animaux qui y étaient enfermés. Il aimait aussi leur redonner la vie. Il le faisait chaque fois qu'il en avait l'occasion, relâchant plus spécialement des centaines, voire des milliers de poissons, qu'il achetait au marché de Siliguri, la grande ville dans la plaine en contrebas de Sonada, à Bénarès ou ailleurs. Lors de ses séjours à Hong-Kong et à Taiwan, il relâchait un très grand nombre de poissons, de coquillages, de crustacés, de tortues et d'oiseaux. Souhaitant que cette pratique soit établie sur une base régulière, il fonda une association chargée de collecter des fonds et d'organiser chaque mois des lâchers d'animaux. Le texte qui suit est une lettre écrite pour l'occasion .

se, richesse et compagnie de bons amis; nos souhaits seront exaucés, nous naîtrons dans un pays agréable, nous serons libres de toutes menaces et nous rencontrerons le *dharma*; au moment de la mort, nous n'endurerons pas les souffrances de l'agonie, nous ne tomberons jamais dans les mondes inférieurs, nous vivrons en harmonie avec tous et nous renaîtrons finalement dans le Champ de Béatitude*. Les bienfaits sont illimités puisqu'ils mènent ultimement jusqu'à l'Eveil. Tout ceci fut expliqué par le Bouddha lui-même.

Ainsi, lorsqu'avec foi et grande compassion, aux animaux sans protection ni recours, aux oiseaux, aux oisillons, aux poissons, aux tortues et à toutes sortes d'animaux minuscules ou grands, nous faisons les quatre sortes de dons — don du *dharma*, don de l'amour, don de biens matériels et don de la sécurité — et qu'en même temps nous faisons pour eux des souhaits très bons, ce sera un bienfait non seulement pour eux, mais nous-mêmes qui donnons récolterons en cette vie longue vie, santé, richesse et absence d'adversité; dans toutes nos vies à venir nous obtiendrons ces mêmes bienfaits que nous aurons accordés à autrui.

Il est inutile d'entretenir ni espoir ni doute à ce sujet puisque la loi du *karma* est inéluctable. Je vous demande donc de prendre part à cette pratique vertueuse, d'où procèdent, pour soi-même et pour autrui, temporellement et ultimement, bienfaits et bonheur, en vous affiliant à l'association "Tirer des mondes inférieurs" et en travaillant avec elle.

Taïpei, le 23 avril 1986
Kalou Rimpotché.

Maitreya,
le futur Bouddha.
Son nom signifie "Amour".

5 - Les préliminaires communs

*L*e bouddhisme tibétain enseigne comme premiers pas dans la pratique deux groupes de préliminaires: les "préliminaires communs" et les "préliminaires spécifiques". Nous allons étudier ici les premiers[1], aussi nommés les "quatre réflexions qui détournent l'esprit du *samsara*". Ce sont:

- la précieuse existence humaine,
- la mort et l'impermanence,
- la loi du *karma*,
- la nature défectueuse du *samsara*.

Ces quatre préliminaires sont dits "communs" car ils sont, au Tibet, utilisés par toutes les lignées — Nyingmapa, Sakyapa, Kagyupa et Guéloukpa — et, au-delà même du Tibet, ils constituent un fondement partagé par toutes les écoles bouddhistes. Sans s'imprégner de ces quatre réflexions, on ne peut pas véritablement comprendre quelle est la nécessité du *dharma* et quelle est sa fonction.

La précieuse existence humaine

Nous possédons maintenant la précieuse existence humaine, caractérisée par huit libertés* et dix qualifications*. Il serait trop long d'examiner ici en détail ce que sont ces libertés et ces acquisitions. On peut, pour ce faire, se reporter à des ouvrages comme *L'Océan de la*

1 - Les préliminaires spécifiques sont abordés dans le volume *Bouddhisme ésotérique*.

certitude, Le Flambeau de la certitude, La Voie progressive des trois types d'individus ou *L'Ornement de la libération*[1].

Déficiences du monde animal

Les possibilités d'existence se répartissent en six classes, dont quatre ne sont pas perceptibles par nos sens: les enfers*, les esprits avides*, les demi-dieux* et les dieux*. Nous ne communiquons qu'avec les hommes et les animaux, encore que, parmi ces derniers, certaines espèces, comme les *nagas** qui vivent dans les océans ou sous la terre, restent invisibles, bien qu'évoluant dans le même environnement que les poissons, les tortues ou certains insectes. D'autres animaux sont plus proches de nous par leur morphologie, qu'ils soient sauvages comme les tigres, les léopards, les biches, etc. ou domestiques, comme les chiens, les chats, les vaches, les chevaux...

Les animaux ont ceci en commun qu'ils ne peuvent ni comprendre ce que nous leur disons ni exprimer ce qu'ils voudraient dire, si ce n'est à un degré très rudimentaire. Leur esprit est enveloppé d'une opacité qui les prive de ces facultés. Ils ne peuvent pas davantage développer la foi, la dévotion, la compassion ou la connaissance transcendante, qualités qui mènent vers les mondes supérieurs et vers la libération. Si vous parlez de dévotion et de compassion à un animal, ce sont des notions qu'il ne peut saisir. Il est, par contre, inutile de lui enseigner la colère, l'agressivité ou le désir: ces défauts sont naturellement présents dans son esprit.

Les possibilités de développement spirituel des animaux sont quasiment nulles car il ne peuvent accumuler du mérite par des actes physiques comme les prosternations* ou l'offrande du *mandala**, ni par la parole en récitant des *mantras** ou des prières; leur esprit ne peut pas non plus cultiver la foi ou la sagesse. Leur existence est affectée de limitations beaucoup plus grandes que celle des humains: non seulement il leur est très difficile de se protéger des dangers et des difficultés qu'ils rencontrent, mais ils n'ont pas la possibilité d'accomplir des

---

1 - *Le Flambeau de la certitude* a été publié en français par les éditions Marpa, *L'ornement de la libération* en anglais par les éditions Shambala. Les deux autres ouvrages n'ont, à ce jour, pas été traduits du tibétain.

actes* vertueux qui leur assureraient le bonheur et le bien-être dans leurs vies futures. Le plus souvent, au contraire, ils tuent, ils volent, ils accomplissent de nombreux actes négatifs qui sont la cause de souffrances à venir. On peut, pour ces raisons, qualifier d'inférieure l'existence animale.

Comparée à la leur, notre situation est bien préférable. Nous possédons la capacité de comprendre ce qui nous est dit, d'exprimer ce que nous voulons et de discriminer entre ce qui est positif et négatif. Pourvus d'un bon support d'existence, nous faisons partie des mondes supérieurs.

Trois catégories d'humains

Encore faut-il apporter des nuances à cette vision générale de la condition humaine. Il est possible en effet de répartir les humains en trois catégories:

- La première regroupe les hommes qui ne suivent aucune voie spirituelle et commettent sans cesse des actes négatifs. C'est une existence humaine funeste dans la mesure où elle conduira nécessairement à renaître dans des mondes où la souffrance est très grande.
- La deuxième concerne ceux qui ne pratiquent pas non plus de voie spirituelle, mais n'accomplissent rien de très négatif ni rien de très positif. Leur existence est moyenne car elle conduira à renaître dans une condition moyenne, ni très heureuse ni très douloureuse.
- La troisième catégorie s'applique à ceux qui connaissent le *dharma**, ont rencontré des maîtres et suivent leurs enseignements. Dans ce cas, l'existence humaine est dite "précieuse".

Certaines matières comme l'or ou le diamant sont regardées comme précieuses parce qu'elles permettent, grâce à leur valeur marchande, d'acquérir tout ce que l'on veut. De la même manière, la vie humaine passée au service du bien et de la pratique spirituelle est précieuse non parce qu'elle engendre des possessions matérielles, mais parce qu'elle prépare des richesses beaucoup plus grandes: le bonheur et la libération.

A la valeur de cette existence s'ajoute sa rareté. On dit traditionnellement que les humains ordinaires sont aussi nombreux que les étoiles qui brillent la nuit dans le ciel, tandis que ceux qui possèdent la précieuse existence humaine ne sont pas plus fréquents que les étoiles du ciel diurne[1]. Sans même nous référer à cette comparaison, il nous est facile de regarder autour de nous et de voir combien peu de gens sont engagés sur une voie spirituelle. Réfléchissons simplement à la ville où nous habitons et nous constaterons rapidement la rareté de ce type de personnes.

Ne pas gaspiller

La précieuse existence humaine n'est pas le fruit du hasard. Elle est le résultat de la pratique des actes positifs dans nos vies antérieures ainsi que d'une connexion s'étant déjà établie avec le *dharma*. Nous possédons maintenant cette condition de vie extraordinaire; il est nécessaire de prendre pleinement conscience de sa valeur pour lui donner tout son sens. C'est pourquoi il nous faut réfléchir aux libertés et aux qualifications qui la caractérisent, réfléchir aussi à la condition des autres êtres — les enfers, les esprits avides, les animaux, les demi-dieux et les dieux — afin de mieux saisir, par comparaison, le caractère exceptionnel de notre situation. Sachons bien que nous la gaspillons si nous ne l'utilisons pas pour pratiquer le *dharma*.

L'IMPERMANENCE

Bien que précieuse, notre existence n'est pas éternelle; elle est soumise à l'impermanence.

Un flot incessant

L'impermanence caractérise tous les phénomènes: autant l'univers que les êtres qui le peuplent. La succession des saisons nous en donne un exemple frappant: printemps, été, automne, hiver offrent l'incessant spectacle du changement. Plus courtes sont les durées que nous observons, moins l'impermanence est manifeste. Elle est pourtant présente d'instant en instant: l'année ne peut exister sans les douze mois

1 - C'est-à-dire les premières étoiles à briller le soir alors que la nuit n'est pas complètement tombée ou les dernières étoiles du matin.

qui la composent, les mois sans les jours, les jours sans les heures, les heures sans les minutes, les minutes sans les secondes, etc. Dans cette succession ininterrompue se déroule et s'épuise notre vie.

Lorsqu'elle arrivera à son terme, quelle qu'en soit la durée, si nous ne l'avons pas mise à profit, la précieuse existence humaine aura simplement disparu. Il n'en restera rien. Si nous ne nous appliquons pas maintenant à la pratique du *dharma*, il sera rapidement trop tard. L'occasion aura été perdue irrémédiablement.

La fin d'un rêve

D'un certain point de vue, les préoccupations temporelles ne sont pas totalement vaines: nous avons besoin de nous nourrir, de nous vêtir et de nous loger. Tout ceci requiert une activité. Il serait cependant indu d'accorder aux affaires de ce monde une importance trop grande. Nous aurons beau, au cours de cette vie, avoir accumulé les biens matériels les meilleurs, lorsque la mort viendra, nous ne pourrons rien emporter avec nous. Nous devrons tout laisser. Notre vie sera comme un beau rêve qui se termine: rien de ce qu'il contenait ne nous accompagne. Milarépa disait: “Par peur de la mort et de l'impermanence, j'ai fui dans les montagnes. J'y ai médité et j'ai atteint l'état qui transcende la mort et l'impermanence.”

L'impermanence ne procède par par à-coups mais s'inscrit dans la succession des instants. Prenons une personne âgée de soixante-dix ans. Cette personne est vieille, mais cela ne signifie pas que cette vieillesse se soit produite à un moment déterminé. Le processus de sénescence s'est déroulé de manière ininterrompue tout au long de sa vie.

Ne jamais oublier

Lorsqu'on est pris par de nombreuses activités dans ce monde, soumis à de multiples sollicitations, il est essentiel de ne jamais perdre le souvenir de l'impermanence, de se rappeler que la mort ne saurait manquer de venir et qu'il faut profiter du temps qu'il nous reste. Si nous reprenons l'exemple de Milarépa, il connut au cours de sa vie des périodes où il souffrait d'un froid extrême, d'un cruel manque de nourriture ou de menaces pesant sur sa vie. Jamais il n'en fut découragé. Il pensait: "Que j'aie froid, que j'aie faim ou que je meure, tout ceci est secondaire. Ce qui importe c'est que maintenant, avant que l'impermanence m'emporte, je pratique la méditation".

Djikmé Lingpa ne répare pas les marches

L'histoire de Djikmé Lingpa illustre parfaitement le souci de l'essentiel. Il vivait en retraite dans une grotte à laquelle on accédait par des marches. Or, celles-ci, au fil des ans, s'étaient considérablement dégradées si bien que Djikmé Lingpa songeait parfois à les réparer. Chaque fois que cette pensée lui venait dans sa grotte, loin de la suivre, il se disait: "Si j'entreprenais ces travaux maintenant et que la mort venait, j'aurais perdu mon temps. Il vaut mieux que je médite." Quand, dehors, la même pensée se présentait encore à son esprit, il pensait: "Et si la mort était proche? Mieux vaut que je rentre méditer." Ce souvenir de l'impermanence lui a procuré suffisamment de diligence pour qu'il puisse obtenir la réalisation.

Soyons nous-mêmes convaincus de la possibilité de notre mort prochaine. Nous échapperons à coup sûr à l'attrait qu'exercent les distractions du monde extérieur et nous mettrons beaucoup d'énergie dans notre pratique.

Nous savons bien que la vieillesse, la maladie et la mort existent, mais nous pensons qu'elles viendront plus tard et que nous avons le temps. Nous ne pouvons nous empêcher d'accorder au monde et à nous-mêmes une certaine permanence. Lorsqu'on s'engage sur la voie du *dharma*, on apprend au contraire à reconnaître que tout est impermanent.

La loi du karma

Etymologie

Après avoir compris l'occasion exceptionnelle que nous donne la précieuse existence humaine et après avoir pris conscience de sa nature transitoire, il nous faut connaître les règles qui régissent son usage et donc étudier la loi infaillible du *karma**. L'expression tibétaine qui

la nomme, composée de trois mots (*lé-gyou-dré*), en comprend le principe:
- *lé* signifie "acte", dans un sens élargi à toute notre personnalité: ce que nous faisons par notre corps, notre parole et notre esprit;
- *gyou* signifie "cause": tous nos actes, positifs ou négatifs, laissent dans notre esprit une empreinte qui est la cause d'un événement à venir;
- *dré* signifie "résultat": procédant de la cause positive ou négative, les actes produisent un résultat correspondant sous la forme d'une situation heureuse ou douloureuse.

La loi du *karma* signifie donc que nos *actes* sont des *causes* engendrant, selon leur nature, des *résultats* définis.

Négatif et positif

Les actes sont dits négatifs quand leur résultat sera, pour leur auteur, souffrance dans l'avenir. Leur nature est décrite en détail dans différents textes, mais on les résume à dix:

• trois actes négatifs du corps:
  - ôter la vie,
  - prendre ce qui n'est pas donné,
  - avoir une conduite sexuelle incorrecte;
• quatre actes négatifs de la parole:
  - le mensonge,
  - les paroles blessantes,
  - les propos créant la discorde,
  - les paroles oiseuses;
• trois actes négatifs de l'esprit:
  - la convoitise,
  - la malveillance,
  - les vues erronées.

Inversement les actes sont dits positifs quand ils entraînent le bonheur à venir de leur auteur. Ils sont le contraire des dix actes négatifs: protéger la vie au lieu de tuer, cultiver la bienveillance au lieu de la malveillance, etc.

Les actes négatifs conduisent de manière générale à renaître dans les mondes inférieurs: les enfers*, les esprits avides* et les animaux. Les actes positifs produisent des renaissances dans les mondes supérieurs: les hommes, les demi-dieux* et les dieux*.

Le présent fruit du passé

Si nos actes présents conditionnent nos vies à venir, nos actes passés conditionnent notre vie actuelle. Le fait que nous possédions une existence humaine est, par exemple, le résultat d'actes positifs passés. Mais si nous sommes, au cours de cette vie, souvent malades ou si nous sommes appelés à mourir jeune, nous pouvons en déduire que nous avons tué ou blessé.

La variété des destins humains est extrêmement grande: certains ont une vie courte, d'autres une vie longue; certains jouissent d'une bonne santé, d'autres souffrent d'une complexion maladive; certains sont riches, d'autres pauvres. La plupart des gens ne voient pas d'explication à cette diversité. "C'est ainsi", pensent-ils simplement. En réalité, le hasard n'y est pour rien: la disparité des destins est due à la disparité des *karmas*. De nombreuses histoires ont pour but de l'illustrer.

L'ombre bienveillante

Il y avait autrefois dans le même pays deux personnes dont les pensées étaient tout à fait opposées: la première était sans cesse tourmentée par l'idée de tuer, de voler, de s'emparer des possessions des autres; son rêve était notamment de tuer le roi du pays pour prendre sa place. La seconde ne pensait qu'au bien d'autrui et songeait parfois: "Si je gouvernais, je mettrais tout en œuvre pour le bonheur du peuple."

Alors que le premier de nos deux hommes marchait un jour sur le bord d'un chemin, il glissa. A ce moment précis une charrette passait par là: une roue lui roula sur le cou et lui coupa la tête.

Pendant ce temps, l'autre s'était endormi à l'ombre d'un arbre. Or, il se trouvait qu'à ce moment-là des habitants d'un certain pays cherchaient quelqu'un pour les gouverner; il leur fallait un homme doté d'un très grand *karma* positif. Lorsqu'ils passèrent près de l'homme assoupi, les heures s'étaient écoulées et l'ombre des arbres avait tourné... sauf celle de l'arbre sous lequel il sommeillait. Les visiteurs ont compris qu'un tel prodige ne pouvait être que le signe d'un excellent *karma*. Ils ont fait de l'homme le chef de leur pays et, grâce à son gouvernement, le peuple entier vécut dans la prospérité.

Les épis d'or

A l'époque du Bouddha, vivait en Inde un couple âgé qui avait passé toute sa vie à travailler. L'homme et la femme avaient beaucoup de foi dans le Bouddha ainsi qu'une grande confiance dans le *dharma*, mais le temps leur avait manqué pour le pratiquer.

Se voyant bien vieux, ils se dirent: "Nous n'avons guère pu nous consacrer au *dharma*; il faudrait, avant de mourir, que nous accomplissions un acte qui nous permette d'accumuler beaucoup de mérite*." Comme ils n'étaient pas bien riches, ils n'avaient pas grand-chose à offrir. Après avoir bien réfléchi à ce qu'ils pouvaient faire, ils décidèrent d'inviter pour un repas Sharipoutra, l'un des plus grands disciples du Bouddha et de lui faire des offrandes.

Ainsi firent-ils. Cet acte tout simple provoqua un grand changement dans leur vie. Ils possédaient en effet un petit champ; or, ne voilà-t-il pas que désormais le riz qu'ils y cultivaient donnait des épis en or!

La nouvelle de ce prodige se répandit rapidement et ne tarda pas à parvenir aux oreilles du roi. Celui-ci, quelque peu incrédule, fit procéder à une vérification: oui, c'était bien de l'or. Ebloui par un tel trésor, le roi ne put résister à la tentation de s'en emparer. Il décréta qu'il donnerait ses propres champs au vieux couple et qu'en échange le champ aux épis d'or lui reviendrait. Force était de lui obéir. Malheureusement pour lui, si le champ lui appartenait désormais, le mérite restait celui des vieillards, si bien qu'à peine l'échange effectué, le petit champ se mit à redonner des épis ordinaires tandis que les nouvelles propriétés du couple produisirent de l'or à leur tour. Dépité, le roi décida un nouvel échange en sens inverse. L'or regagna aussitôt ses premiers épis. Sept fois de suite, le roi ordonna l'échange, sept fois de suite l'or se rangea du côté des vieillards. Le roi dut admettre qu'il ne pouvait en être le propriétaire.

Seul le *karma* positif des deux vieillards produisait l'or sur les épis, faute de quoi on ne pouvait récolter que du riz.

Le Bouddha a énoncé 84 000 types d'enseignements. Leur fondement est la loi du *karma*. Il est indispensable de la comprendre, d'admettre sa validité et de mettre tout en œuvre pour abandonner les actes négatifs et pratiquer les actes positifs.

La nature défectueuse du samsara

Bien comprendre le *karma* et se servir de cette compréhension pour se détourner du *samsara* implique que l'on perçoive comment il engendre les souffrances des six classes d'êtres. La quatrième réflexion préliminaire nous conduit à prendre conscience de ces souffrances, à nous imprégner de l'idée que le *samsara* est défectueux par nature, car il n'échappe jamais au jeu de la souffrance.

Souffrances des mondes inférieurs

Les enfers* constituent le monde le plus douloureux qui existe. On décrit traditionnellement dix-huit sortes d'enfers — huit grands enfers brûlants, huit grands enfers glacés, les enfers périphériques et les enfers occasionnels — qui se distinguent par la variété et l'intensité des tourments éprouvés. Karmiquement, les enfers sont principalement provoqués par la haine et la colère ainsi que par l'acte de tuer. De nombreuses autres causes peuvent cependant aussi les engendrer.

Les esprits avides*, deuxième des six mondes, sont affligés d'un très grand nombre de souffrances dont la principale est d'être continuellement tourmentés par une faim et une soif insatiables. Le vol et la possessivité sont les causes qui conduisent à y renaître.

Les animaux se répartissent en animaux visibles et animaux invisibles, comme les *nagas*. La renaissance dans le monde animal est induite par l'aveuglement, plus particulièrement par l'absence de perspective spirituelle et le refus de la validité de la loi du *karma*.

La roue du dharma.
Ses huit rayons symbolisent l'octuple noble sentier.*
Les deux biches assises de part et d'autre
représentent les disciples qui écoutent l'enseignement.

Enfers, esprits avides et animaux constituent les trois mondes inférieurs.

Souffrances des mondes supérieurs

Les hommes forment le premier des trois mondes supérieurs. Les souffrances, pour être moins intenses, n'en sont pas moins présentes. On en compte quatre principales: la naissance, la vieillesse, la maladie et la mort. Celles-ci sont cependant accompagnées d'une nombreuse suite, notamment, les souffrances de ne pas obtenir ce que l'on veut, d'être dépossédé de ce que l'on possède, d'être séparé de ceux qu'on aime et d'être associé à ceux qu'on n'aime pas. Les textes répertorient et décrivent en détail toutes les difficultés que rencontrent les humains, mais notre propre expérience suffit à nous en donner une idée vivante et précise.

Quant aux demi-dieux et aux dieux, ils souffrent pour les premiers de querelles et conflits continuels et, pour les seconds, de la chute et de la transmigration.

Si nous ne tirons pas maintenant profit de notre précieuse existence humaine, il nous sera impossible de progresser vers les mondes supérieurs et vers la libération. Nous resterons inéluctablement prisonniers du *samsara*. Nous en prendrons conscience en connaissant les souffrances des différentes classes d'êtres et plus encore en observant les nôtres et celles des personnes qui nous entourent. Voyant que, dans le *samsara*, personne n'échappe à la souffrance, nous nous tournerons vers le *dharma* avec beaucoup d'énergie.

La souris et la turquoise

Langri Tangpa, un très grand lama du Tibet, pensait continuellement aux souffrances des êtres prisonniers du *samsara* si bien que personne ne l'avait jamais vu rire, ni même sourire. Il avait gagné le surnom de "Langri Tangpa grise mine". Au cours d'un rituel, il procédait à une offrande de *mandala*[1] et il avait posé devant lui la base sur

1 - L'offrande du *mandala* est un court rituel ou une partie d'un rituel au cours duquel l'officiant imagine qu'il offre au Bouddha, aux *yidams** ou aux lamas, l'univers et tout ce qu'il contient. Cette offrande est symbolisée matériellement par un petit disque de cuivre ou d'argent, appelé "base", sur lequel sont empilés du riz et d'éventuelles pierres précieuses.

laquelle était placée, au milieu des grains de riz, une grosse turquoise. Une souris vint à passer par là et, plutôt que de choisir le riz, voulut emporter la turquoise. Mais la turquoise était grosse, la souris était petite, si bien qu'elle ne parvenait pas à ses fins. Après diverses tentatives, elle poussa un petit cri perçant; aussitôt, une autre petite souris vint à la rescousse. La première souris se mit à pousser, la seconde à tirer, de sorte qu'elles réussirent à dérober la pierre bleue.

Langri Tangpa fut si amusé par ce spectacle qu'il éclata de rire. Un disciple qui ne ne se trouvait pas loin n'en crut pas ses oreilles: son maître avait ri, lui qu'on n'avait jamais entendu rire de sa vie! Qu'est-ce qui avait provoqué un événement si extraordinaire? Il ne put se retenir d'aller le demander à Langri Tangpa.

— Deux petites souris se sont associées pour emporter une grosse turquoise, répondit celui-ci. C'était si drôle!

Trois erreurs

En tant qu'êtres ordinaires, nous commettons trois erreurs fondamentales sur le monde:
- nous prenons pour permanent ce qui est impermanent;
- nous prenons pour bonheur ce qui est souffrance;
- nous prenons pour réel ce qui est irréel, tous les phénomènes n'étant qu'une projection de l'esprit, dénués de réalité en eux-mêmes.

Ces trois erreurs, nous empêchent de nous détourner du *samsara*. Se pénétrer des quatre réflexions que nous venons d'aborder nous permet au contraire de comprendre son caractère vain et de nous tourner vers la libération.

Une nécessaire imprégnation

On pense parfois qu'il suffit de prendre connaissance de ces quatre idées, d'entendre les lamas en parler ou de lire leur exposé dans les livres. Mais il est nécessaire d'aller plus loin: il faut méditer sur elles, y réfléchir, s'en pénétrer. Prenons l'exemple de la précieuse existence humaine: il est nécessaire de comprendre quels facteurs la caractérisent, comment ces facteurs s'appliquent à nous, comment nous échappons à des conditions d'existence défavorables... Nous devons appliquer de la même manière notre réflexion personnelle aux quatre idées.

En nous imprégnant des quatre préliminaires communs nous construisons le fondement qui fournira une assise solide à notre pratique et nous empêchera d'être emportés par la paresse et la nonchalance.

Vajradharaling, septembre 1984

6 - Les liens du corps et de l'esprit

*T*ous les êtres, quels qu'ils soient, ont un corps, une parole et un esprit. De ces trois, l'esprit prime car il possède la faculté de manifestation par laquelle tous les phénomènes apparaissent, ceux du *samsara** comme ceux du *nirvana**. En raison de cette faculté de manifestation, nous avons pris naissance un nombre incalculable de fois, depuis des temps sans commencement et, au cours de toutes ces existences, nous avons accompli une infinité d'actes et accumulé ainsi un immense potentiel karmique.

Toutes les existences procèdent de l'esprit

Les actes négatifs, par exemple tuer, conduisent à une renaissance dans un enfer*. Les enfers sont au nombre de dix-huit: huit grands enfers froids, huit grands enfers chauds, des enfers périphériques et d'autres dits occasionnels. Mais tous ces enfers ne sont rien d'autre qu'une manifestation de l'esprit lui-même.

D'autres actes négatifs entraînent d'autres résultats: une grande avarice, un très grand attachement, un très grand désir conduisent à renaître dans le monde des esprits avides*. Il existe de nombreuses espèces d'esprits avides: les "porteurs d'obstacles externes", les "porteurs d'obstacles internes", les "porteurs d'obstacles liés à la nourriture et à la boisson"... Tous souffrent d'une grande faim, d'une grande soif, d'une extrême indigence et de ne jamais trouver ce dont ils ont besoin. Mais, là encore, ce monde des esprits avides n'est rien d'autre qu'une manifestation de l'esprit.

N'avoir pu discriminer dans les vies passées entre négatif et positif relève d'une d'obscurité mentale qui amène la renaissance dans le monde animal. L'espèce animale, de loin la plus nombreuse, dit-on, est constituée d'êtres avec lesquels nous ne pouvons pas communiquer: les *nagas**. Ils vivent sous terre et dans les eaux et se répartissent en huit classes. Les animaux avec qui nous communiquons: les chiens, les chats, les vaches... sont les moins nombreux. Mais tous les animaux souffrent beaucoup en raison des limites de leur psychisme. Le monde animal, en réalité, n'est qu'une manifestation de l'esprit.

Quand on pratique *chiné*, la pacification mentale*, ou *lhakthong*, la vision supérieure*, si la méditation n'est pas véritablement motivée par la libération* elle conduit à des renaissances dans des mondes qui, sur des plans subtils, restent confinés dans le *samsara*. Ceux qui, par exemple, ont pratiqué la méditation de *lhakthong* et de "l'esprit immortel" en demeurant dans le contexte samsarique reprennent naissance dans les différents mondes divins de la sphère* de la non-forme. Ceux qui ont pratiqué le don et l'altruisme sans orienter leur esprit vers la libération renaissent dans les différentes catégories de dieux* de la sphère du désir et de la forme. Les êtres des mondes divins jouissent pendant très longtemps de plaisirs et de joies extrêmement grands et ne subissent pratiquement aucune souffrance. Là encore, ces mondes divins ne sont rien d'autre qu'une manifestation de l'esprit.

D'autres êtres ont pratiqué les vertus telles que le don, l'éthique, la patience, ont médité, mais d'une façon impure, ont aussi accompli des actes sous l'emprise de la jalousie ou du désir de domination. Ils reprennent naissance dans le monde des demi-dieux*, où ils vivent très longtemps, jouissent d'une grande puissance et de grands bonheurs, mais en raison de leurs tendances à la jalousie et à la mégalomanie, sont simultanément engagés dans de multiples querelles et conflits. Ce monde des demi-dieux n'est rien d'autre qu'une manifestation de l'esprit.

Le karma façonne les existences

Tous les êtres sont affectés par les émotions perturbatrices: attachement, colère, jalousie, avarice, etc. Chez les humains, prédominent le désir et l'attachement. La condition humaine est le résultat karmique de vies antérieures où se sont mêlés positif et négatif avec toutefois davantage de positif. Dans la cosmologie bouddhique, notre univers est décrit comme formé d'une montagne axiale entourée de quatre grands continents. Sur ces quatre continents vivent des hommes. Nous-mêmes, les habitants de la Terre, nous nous trouvons sur le continent du Sud: *Jamboudvipa* (tib. *Dzambouling*). Les autres continents sont de même peuplés d'humains, qui peuvent être légèrement différents de nous. Ainsi, sur le continent de l'Est, *Pourva-vidéha* (tib. *Lupapo*), les hommes ont un corps plus grand, une vie plus longue, et des bonheurs relativement plus importants que les nôtres, mais fondamentalement ce sont des humains comme nous. Le fait de renaître dans tel ou tel continent est lié au *karma**, de même que proviennent du *karma* de chaque individu les différences que nous voyons sur la Terre: une vie plus ou moins longue, un physique plus ou moins agréable, un naturel plus ou moins joyeux, la richesse ou la pauvreté, une bonne ou une mauvaise santé. Rien de cela n'est dû au hasard.

Les enfers chauds sont décrits comme une surface totalement brûlante où, quand on pose le pied droit on se brûle, et quand on pose le pied gauche on se brûle également. Mais il a été dit par le Bouddha que ce feu des enfers était notre création, le résultat de notre *karma* et le produit de notre propre esprit. Cela n'a été créé par personne, aucun être extérieur n'en est responsable. Il a dit aussi que la diversité karmique des êtres, autrement dit la diversité des actes qu'accomplissent les différents êtres, crée toute la diversité et la multiplicité des conditions d'existences de ces mêmes êtres.

L'esprit créateur des mondes

Qui accomplit ces différents actes bons ou mauvais qui ont de tels résultats karmiques? Notre corps, notre parole et notre esprit. Mais le plus important, celui qui dirige, c'est l'esprit. C'est lui qui est à l'origine des actes négatifs et positifs. Si, en l'esprit, naît le désir de nuire ou de tuer, le corps se mettra en œuvre pour essayer de nuire ou de tuer. Si l'esprit conçoit le désir d'exprimer des choses désagréables, la parole suivra et proférera des mots blessants. Au contraire, si l'esprit forme le projet d'aider quelqu'un, le corps se mettra en action pour apporter cette aide et si l'esprit désire adresser des mots agréables, la parole le fera. C'est donc l'esprit qui est le fondement de tous les actes, positifs et négatifs.

Comment l'esprit peut-il produire les différentes classes d'êtres et des mondes aussi complexes et diversifiés? Référons-nous au rêve. Lorsque nous rêvons, des paysages, des contrées apparaissent. Dans ces contrées, nous percevons des maisons, des gens, toutes sortes de choses et de situations. L'ensemble est produit par l'esprit. De même, les six classes d'êtres ne proviennent que de notre propre esprit.

Une seule potentialité d'apparence de l'esprit peut en fait être perçue de manière extrêmement diverse en fonction du *karma*. Par exemple, ce qui s'exprime pour nous sous forme d'eau et nous permet d'apaiser notre soif, se manifeste, pour un être qui a repris naissance dans les enfers, sous la forme de métal en fusion ou de lave. Pour un esprit avide, cette même potentialité de l'esprit apparaît comme du sang, de la morve ou des matières repoussantes du même type. Un demi-dieu va percevoir l'eau comme une arme, un dieu comme du nectar. Pour un être qui a atteint la totale libération, enfin, l'élément eau est réalisé comme étant le Bouddha féminin Mamaki. Et pour un poisson, l'eau est un habitat.

L'environnement est un autre reflet du *karma* qui conditionne la perception des êtres: nous vivons à la surface de la terre, tandis qu'un poisson ne saurait évoluer hors de l'eau. Pour d'autres êtres, le monde se résume à notre organisme. Il est dit en effet que dans le corps de chaque individu vivent 84 000 micro-organismes pour qui notre corps est à la fois un domicile et un moyen de subsistance. Une maladie qu'on appelle "*yama*" est due à l'un de ces micro-organismes qui peut se déplacer en une fraction de seconde de la plante des pieds à la pointe des cheveux.

Le corps n'est pas réel

Quant à nous, il est fortement probable que, dans nos vies passées, les actes positifs l'aient emporté sur les actes négatifs, et que nous ayons déjà eu une bonne connexion avec un *bouddha**, le *dharma**, ou la *sangha**. C'est la raison pour laquelle nous jouissons maintenant d'une existence qualifiée de "précieuse existence humaine". Quelle en est la réalité? Selon le Bouddha, les phénomènes ne sont ni vrais ni faux; ces mots ne conviennent pas pour les décrire, car ils sont semblables au reflet de la lune sur l'eau. Lorsqu'on regarde le reflet de la lune sur l'eau on ne peut dire en effet qu'on voit un objet réel car la lune n'est pas dans l'eau. Mais on ne peut dire non plus que ce qui apparaît est complètement irréel puisqu'on peut vraiment voir la lune sur l'eau. Notre corps n'échappe pas à cette ambiguïté: d'un côté, il n'a pas plus de réalité qu'un corps que nous prenons en rêve; d'un autre côté, nous éprouvons à travers lui toutes sortes de sensations, agréables et désagréables, et nous pouvons grâce à lui nous déplacer ou nous fixer en un endroit... D'un point de vue pragmatique, il est donc réel.

Cependant, il est utile de comprendre que notre corps n'est pas fondamentalement réel, qu'il a la même nature que le corps onirique, qu'il n'est qu'une apparence illusoire produite par l'esprit et qu'il est impermanent et changeant. Si nous avons la profonde conviction qu'il en est ainsi, nos attachements diminueront, la tendance à la colère et à la saisie de l'égo s'amenuiseront. En général, nous penchons à croire que nous sommes permanents et non soumis au changement, que notre corps est une chose réelle. A partir de cette croyance, se produisent les émotions conflictuelles* comme l'attachement et la colère ainsi que les maladies, les douleurs et les angoisses.

Compréhension bénéfique de l'illusion

Toutes les apparences sont simplement une production de l'esprit: elles n'ont ni réalité ni permanence, elles sont transitoires et changeantes. Supposons un homme et une femme qui tombent amoureux l'un de l'autre et qui trouvent merveilleux de vivre ensemble. Ils se marient, tout va bien. Au bout d'un certain temps, il peut arriver que la mésentente s'installe et remplace le bonheur par la souffrance. Ils n'ont plus aucun plaisir d'être ensemble, ils sont en désaccord sur tous les plans: mental, verbal et physique. Se voir même devient une occasion de désagrément et de colère. Entendre simplement parler de l'autre leur est insupportable. L'attachement, l'amour, le désir se sont transformés en colère et en haine. C'est là un signe de la non réalité des phénomènes. L'amour n'était pas "réel" puisqu'il a pu se transformer en haine[1]. Se rendre compte que ce qui se passe alors n'est qu'un jeu illusoire des changements de l'esprit est très profitable. Car, même si on ne peut se défaire des émotions conflictuelles, on peut au moins comprendre que, s'il est merveilleux de vivre dans l'harmonie, il n'est pas nécessaire de devenir des ennemis farouches lorsque la joie d'être ensemble s'est estompée. Entente ou mésentente ne sont en effet que des changements relativement superficiels de l'esprit.

Moitié herbe, moitié eau

On rencontre parfois des hommes qui souffrent d'être amoureux d'une femme qui ne partage pas leur sentiment, ou l'inverse. La personne qui n'est pas payée de retour éprouve de grands tourments — ceci ne relève pas vraiment du dharma, mais du cours des choses mondaines. Au Tibet, un proverbe dit pourtant:

Sur la terre, il y a moitié herbe moitié eau;
Chez les humains, il y a moitié hommes moitié femmes.

Ce qui veut dire que si un animal ne trouve pas d'herbe à brouter quelque part, il peut toujours aller brouter ailleurs. Si la personne qu'on aime ne partage pas nos sentiments, on peut toujours en chercher une autre. Certaines personnes sont tellement possédées par leur passion amoureuse qu'elles en viennent à se suicider. C'est le fait d'une grande stupidité conduisant à penser: "Il n'y a que cette femme sur la terre. Puisqu'elle ne veut pas de moi, mieux vaut que je me suicide." Quel aveuglement!

Canaux, souffles, tiglés

Quoi qu'il en soit, nous bénéficions en ce moment d'un corps humain auquel nous attribuons un fort degré de réalité. Ce corps est un peu comme une maison, un bâtiment ou un parc. Il est parcouru de canaux (sct. *nadi*, tib. *tsa*) comparables à des voies sur lesquelles circulent des souffles subtils* (sct. *prana*, tib. *loung*) qu'au Tibet on

1 - Le "réel" doit être immuable et indivisible.

Amitayus,
le Bouddha de Vie infinie.

compare à des chevaux — aujourd'hui on parlerait d'automobiles — et des *tiglés** (sct. *bindou*), concentrations d'énergie subtile correspondant aux richesses dont on jouit. Ainsi, considérant l'esprit comme une personne, on dira que le corps est la région où il habite, que les canaux subtils forment les routes sur lesquelles il se déplace, que les souffles constituent son moyen de locomotion, et que les *tiglés* représentent tous les biens en sa possession.

L'un de ces canaux subtils monte jusqu'au sommet de la tête, dans l'axe du tronc. Dans le langage du *dharma*, on l'appelle "canal central", dans le langage médical, "canal principal". Il est flanqué de deux canaux parallèles, à sa droite et à sa gauche[1].

Ces deux canaux jouent un grand rôle dans le fonctionnement de notre esprit en mode illusoire. L'un d'eux nous fait appréhender le monde extérieur comme un objet externe alors que l'autre nous fait concevoir la saisie d'un sujet, d'un "je" percevant ce monde extérieur. Ils sont dans notre corps la base subtile du fonctionnement de la dualité.

A partir de ces trois canaux principaux se créent de très nombreuses ramifications — 72 000 au total — innervant tout notre corps. Ils forment en certains endroits des sortes de plexus, les *chakras*.

Le support des états intérieurs

Dans les canaux circulent donc les souffles subtils et les *tiglés*. Sous l'influence de ces derniers, nous sommes amenés à ressentir des états d'esprit variés. Leur circulation, en effet, conditionne grandement nos états intérieurs: bonheur et malheur, joie et souffrance, exaltation ou dépression. Il est dit qu'en réalité tout bonheur, toute expérience agréable, repose sur le rayonnement des *tiglés*. Mais, comme nous ne comprenons pas que le bonheur et la joie éprouvés par l'esprit proviennent fondamentalement de ces concentrations d'énergie subtile, nous les attribuons à des objets extérieurs, ce qui engendre le désir sexuel et toutes sortes d'attachements.

Les canaux et les souffles subtils de même que les *tiglés* ne pro-

1 - Le canal central se dit en sanscrit *avadhouti*, en tibétain *tsa ouma*; le canal de droite *rasana* en sanscrit, *roma* en tibétain; le canal de gauche *lalanda* en sanscrit, *kyangma* en tibétain.

viennent pas des éléments physiques du père et de la mère réunis lors de la procréation. Ils sont le produit d'un enchaînement karmique. En dernière analyse, ils ne sont qu'une production de notre esprit. C'est une des manières dont celui-ci se manifeste. Dans le *vajrayana**, où l'on envisage l'aspect pur de ces trois éléments, on dit que les canaux subtils sont le corps de l'Eveil, les souffles subtils la parole de l'Eveil et les tiglés l'esprit Eveillé. Du point de vue de l'état de *bouddha* les canaux sont le corps* d'émanation, les souffles le corps de gloire et les *tiglés* le corps absolu.

Tiglés et sexualité

Par ailleurs, les *tiglés* sont intimement mêlés aux substances sexuelles, que ce soit le liquide spermatique ("*tiglé* blanc") de l'homme ou l'ovule ("*tiglé* rouge") de la femme. On dit dans le *vajrayana* que si l'on peut préserver ces *tiglés* rouges et blancs, c'est-à-dire rester chaste, il naît dans l'esprit une expérience de plus en plus forte de bonheur et de joie. On considère donc, dans ce véhicule, qu'il ne faut pas "endommager" les *tiglés*, ne pas perdre les substances sexuelles.

Si l'on connait les techniques de méditation correspondantes, on est alors capable d'engendrer un état de grande félicité. Le fait de ne pas endommager du tout ces *tiglés* blancs et rouges comporte par ailleurs des incidences physiques positives. Tout contact avec la peau, qu'il s'agisse d'un objet doux ou rugueux, produit, par exemple, une sensation agréable.

Lorsqu'on n'est pas capable d'appliquer les techniques adéquates, l'énergie des *tiglés* donne naissance au désir sexuel qui, en retour, conduit à l'endommagement des *tiglés*. Au moment de l'union, on éprouve, c'est vrai, un instant de bonheur fugitif; mais, plus on perd ses *tiglés*, plus la capacité d'éprouver de la joie et du bonheur, aussi bien physiquement que mentalement, diminue. Quand on les endommage très fréquemment, on éprouvera des souffrances intérieures, des angoisses, on ne se sentira pas bien ou encore notre santé ne sera pas bonne, sans que nous puissions déceler une cause apparente à ces troubles.

Emotions, énergies subtiles, humeurs

Nous avons vu que dans la manifestation totalement pure, les canaux, les souffles et les *tiglés* sont les trois corps de *bouddha*. Dans la manifestation impure, ils donnent lieu à ce qu'on appelle en médecine tibétaine les trois humeurs: le pneuma, le flegme et la bile[1]. .Pour bien comprendre ce principe, il faut envisager un fonctionnement global sur trois niveaux:

- les émotions perturbatrices comme le désir, la haine, l'obscurité mentale, se produisant dans l'esprit lui-même et intervenant comme cause fondamentale;

- les canaux subtils, souffles et *tiglés*, intermédiaires entre l'esprit et le corps, jouant le rôle de cause agissante;

- les trois humeurs, résultats des deux niveaux précédents.

Bien qu'on ne puisse identifier le pneuma en tant que substance dans le corps, il a son siège dans le bassin et dans la région de la ceinture pelvienne. La bile a son siège dans le foie et le sang, dans la partie intermédiaire du tronc. Quant au flegme son siège est dans le cerveau, la partie supérieure du corps.

La médecine traditionnelle bouddhiste répertorie 404 sortes de maladies regardées comme étant provoquées par un dérèglement de l'une ou l'autre de ces humeurs selon trois cas de figure: l'excès, l'insuffisance, et le bouleversement. Un excès de pneuma donne par exemple lieu à un certain type de maladie, une insuffisance à un autre type. Si le pneuma a tendance à ne pas rester dans son siège, un autre type de maladie apparaît encore. Certaines pathologies sont aussi dues à une sorte d'association aberrante de deux de ces humeurs ou même des trois, donnant alors lieu à une “maladie réunie”.

A partir des trois dysfonctionnements fondamentaux que sont l'excès, l'insuffisance et le bouleversement, auxquels s'ajoutent les associations aberrantes, se produisent tous les troubles affectant les organes des sens, les organes intérieurs, la peau, les os, les nerfs ou

---

1 - Voir, dans le volume *Bouddhisme ésotérique*, le chapitre sur la médecine tibétaine.

toute autre partie de l'organisme.

Traitements spirituels et matériels

Le remède principal à ces 404 types de maladies consiste en la pratique du *dharma*. En pratiquant le *dharma* par notre corps, notre parole et notre esprit, nous nous purifions en effet de très nombreuses potentialités karmiques négatives qui sont en nous et nous déracinons ainsi les maladies qu'elles auraient pu produire. Lorsqu'on est, par ailleurs, confronté à des maladies provoquées par des esprits malins — répartis en huit grandes classes comprenant chacune de nombreuses subdivisions — on trouvera là encore le meilleur remède dans certains rituels du *dharma*.

Ceci dit, en dehors de cette approche spirituelle de la guérison, dans la mesure où nous attribuons présentement une réalité matérielle à notre corps, nous disposons aussi de traitements d'ordre matériel, que ce soit les médicaments, l'acupuncture ou la chirurgie. Mais là encore, leurs effets bénéfiques ne sauraient être séparés d'un contexte spirituel, puisqu'ils reflètent notre mérite* associé à la compassion des *bouddhas*.

La médecine tibétaine, c'est-à-dire la médecine traditionnelle bouddhiste, n'est, bien sûr, pas la seule à soulager les souffrances dues aux maladies. Dans un certain sens, on peut considérer toutes les médecines comme des manifestations de l'Eveil. La médecine bouddhiste remonte, quant à elle, au bouddha Shakyamouni qui, prenant un jour la forme du Bouddha Sangyé Mènla, énonça les huit branches de l'art médical qu'il exposa dans les *Quatre Tantras* de médecine. Si les autres traditions médicales n'offrent pas un caractère révélé si évident, elles n'en sont pas moins des expressions de l'Eveil. Notre esprit actuel est en effet la conjonction de deux aspects: l'un pur, comparable à une eau limpide, qu'on appelle le "potentiel de conscience primordiale" (sct. *alaya-jnana*), d'où proviennent toutes les manifestations positives de l'esprit; l'autre impur, comme une eau troublée par de la vase, formant le "potentiel de conscience individualisée" (sct. *alaya-vijnana*), source de toutes les négativités produisant les souffrances du *samsara*. La conscience pure primordiale et la conscience ordinaire individualisée cohabitent de manière indissociable dans notre esprit. Les substances utiles et bénéfiques, tout ce qui, issu des plantes, des animaux ou des minéraux, peut être utilisé comme remède, ainsi que l'art de s'en servir sont le reflet de la conscience primordiale tandis que les substances néfastes et leur utilisation sont le reflet de la conscience ordinaire. En ce sens, toutes les médecines, qu'elles soient tibétaines ou occidentales, représentent une expression de la pureté de l'esprit. C'est pourquoi j'ai la conviction personnelle que toutes les médecines sont l'activité de l'Eveil, conviction qui peut être partagée par tous.

Fonctionnement des sens

Notre corps est le support de fonctionnement de huit types de consciences* dualistes. Ces huit consciences sont uniquement l'esprit, mais elles en sont des fonctions diversifiées tout comme les doigts sont les ramifications d'une main unique. Aux cinq organes des sens correspondent cinq consciences (les consciences visuelle, auditive, olfactive, gustative et tactile) auxquelles s'ajoutent la conscience mentale, la conscience perturbée et le potentiel de conscience individualisé.

Les organes des sens, par le biais desquels fonctionnent les consciences, sont eux-mêmes activés par leur partie interne décrite à l'aide d'une métaphore:
- une pâquerette pour l'œil,
- un morceau d'écorce d'arbre pour l'oreille,
- une aiguille de cuivre pour le nez,
- une lune pour la langue,
- le duvet d'un oiseau pour le sens tactile,
- une boule de cristal pour le mental.

Par conséquent, lorsqu'une maladie affecte l'un ou l'autre de ces organes, ce n'est pas vraiment lui qui éprouve la souffrance ou la maladie mais la conscience correspondante. En cas de maladie grave, la faculté de communication avec l'objet de la perception peut être interrompue; c'est ce qui se produit dans le cas de troubles conduisant à la cécité ou à la surdité, par exemple.

Au moment de la mort, notre corps devient comme une maison

délaissée par son occupant. Le fonctionnement des sens étant une manifestation de l'esprit, lorsque celui-ci quitte le corps les organes des sens ne peuvent plus fonctionner. Cependant, les organes n'étant eux-mêmes qu'une production de l'esprit, celui-ci pourra de nouveau les créer dans d'autres circonstances existentielles. Nous en avons la preuve chaque nuit quand nous rêvons: nous ne percevons plus alors le monde extérieur, mais nous voyons avec nos yeux de rêve, nous entendons des sons avec nos oreilles de rêve, etc. Or tout ceci n'est qu'une production de notre esprit.

Le fait que tous les phénomènes ne soient ni réels ni irréels s'applique également aux organes des sens. D'un certain côté, nous ne pouvons dire qu'ils sont irréels car ils peuvent être affectés par des douleurs et des maladies qui les font éprouver comme bien réels. D'un autre côté, nous ne pouvons pas affirmer qu'ils sont totalement réels puisqu'ils ne sont qu'une création de l'esprit comme nous le savons au travers du rêve.

La pratique du *dharma* conduit à développer des facultés sensorielles beaucoup plus puissantes que celles que nous avons maintenant. Elle permet d'obtenir par exemple ce qu'on appelle "l'oeil divin" et "l'oreille divine". Avec l'oeil divin on peut voir sans difficulté des choses extrêmement lointaines que nous ne pouvons ordinairement pas discerner. Avec l'oreille divine, on entend des sons qu'on ne peut normalement percevoir, etc...

Le mieux maintenant pour poursuivre cet enseignement serait peut-être que vous posiez quelques questions.

Question — Quel rapport y a-t-il entre les *tiglés* visualisés dans la pratique de "*chiné** spécial[1]" et les *tiglés* du corps?

Kalou Rimpotché — Il y a certainement un rapport puisque les canaux subtils, les souffles et les *tiglés* du corps sont une production de l'esprit et que les *tiglés* de la méditation sont aussi une production

1 - Une pratique de *chiné* au cours de laquelle on visualise les cinq éléments sous des formes géométriques colorées, aussi appelées *tiglés*.

Avalokita à mille bras,
dont la méditation est effectuée au cours de la pratique de nyoung-né
remontant à Guélongma Palmo.

de l'esprit.

Question — Peut-on comprendre les *tiglés* comme des réserves d'énergie? Peut-on les comparer, par exemple, à une réserve de nourriture? Est-ce que les endommager revient à dire qu'on utilise cette nourriture et qu'à la fin , celle-ci s'étant épuisée, la mort arrive?

Kalou Rimpotché — Endommager les *tiglés* ne veut pas dire perdre tous les *tiglés* eux-mêmes. Nous n'allons pas en mourir. Le *tiglé* ne se limite pas à la substance sexuelle. C'est un peu comme du lait: dans le lait il y a une certaine substance qui, si on la baratte, donne du beurre. Mais tout le lait ne va pas se transformer en beurre. Ce qu'on perd, c'est l'essence du lait ou l'essence du *tiglé*, cette partie qui, dans la comparaison, deviendrait du beurre. Ce n'est pas tout qui disparaît.

Comment sont produits les *tiglés* sur le plan physique? Nous absorbons de la nourriture et cette nourriture passe dans le sang. Puis on dit que l'essence du sang passe dans la chair, l'essence de la chair dans les tissus adipeux, l'essence de ceux-ci dans les os, et l'essence des os dans la moelle; l'essence de la moelle produit les *tiglés* rouges et blancs; l'essence de ces *tiglés* — et c'est ceci qui peut être endommagé — donne d'un point de vue physique le rayonnement du corps et d'un point de vue mental le bien-être intérieur, la joie, l'équilibre psychique. Le processus de métabolisation commence donc avec la prise de nourriture et se termine dans les *tiglés* qui, si on ne les endommage pas, entraînent l'éclat du corps et le bonheur de l'esprit. On dit d'autre part que ces processus métaboliques produisent les matières inertes de notre corps comme les ongles, les cheveux et les poils.

Question — Est-ce que les canaux subtils sont l'équivalent des méridiens en acupuncture?

Kalou Rimpotché — Je n'ai pas une grande connaissance en la matière. Je sais seulement qu'il existe des points où l'on place des aiguilles d'acupuncture pour guérir certains endroits du corps, mais je n'en sais pas plus.

Question — Dans la biographie du Bouddha Shakyamouni, on rencontre étonnamment peu de guérisons miraculeuses. Je connais mal la littérature bouddhiste mais il me semble que dans la biographie des *mahasiddhas** et des grands yoguis tibétains, on rapporte qu'ils accomplissent de nombreux prodiges, mais peu de guérisons. Par comparaison, dans la vie du Christ et de plusieurs saints chrétiens, on rencontre fréquemment des cas de guérisons miraculeuses. Y a-t-il une raison tenant à l'économie spirituelle du bouddhisme qui fait que le grand médecin qu'est le Bouddha n'a pas fait ou n'a pas donné l'exemple de guérisons miraculeuses?

Kalou Rimpotché — Il ne semble pas qu'il y ait de différences fondamentales entre le bouddhisme et le christianisme sur ce point. Il faut cependant comprendre qu'un être très élevé spirituellement ne peut agir de manière précise vis-à-vis d'un autre être que s'il existe avec lui un lien karmique antérieur spécifique. Sans ce lien, il n'est pas possible de dissiper les souffrances. On rapporte ainsi de nombreux cas où le Bouddha et les *mahasiddhas* dissipèrent les souffrances d'innombrables êtres avec qui ils avaient un lien. Il en va certainement de même pour le Christ et les saints chrétiens.

La guérison de Guélongma Palmo

Parmi les nombreux cas de guérisons miraculeuses retenues par la tradition bouddhiste, celui de Guélongma Palmo est peut-être le plus célèbre. Guélongma Palmo était une princesse bouddhiste de l'Inde ancienne. Encore jeune, elle contracta la lèpre. Tout son corps n'était que douleur et, pour éviter la contagion, elle fut contrainte de s'isoler dans une petite hutte dont personne n'avait le droit de s'approcher. Elle avait une grande foi en Avalokita (tib. Tchènrézi) qu'elle priait continuellement. Une nuit, après de nombreuses années de prières et de méditation, elle vit lui apparaître en rêve un être blanc qui versa sur son corps à l'aide d'un *boumpa** un nectar de lumière. Le lendemain à son réveil, elle était guérie. Elle pensa que ce blanc personnage devait être Avalokita et sa foi en lui augmenta encore. Non seulement elle avait obtenu la guérison mais aussi la réalisation. Son corps ne présentait plus aucune trace de lèpre et son esprit était devenu très pur et très clair. Guélongma Palmo est à l'origine de la pratique de *nyoung-né** qui joint le jeûne à la méditation d'Avalokita.

Le remède avalé en rêve

J'ai récemment rencontré le détenteur de l'école Takloung qui arrivait du Tibet. On raconte une histoire qui ne se rapporte pas directement à lui, mais à son incarnation précédente. Tombé un jour très malade, il avait beau prendre les remèdes qu'on lui prescrivait, rien n'y faisait. Cependant, durant la nuit il priait autant qu'il le pouvait afin de guérir. Une nuit qu'il priait ainsi, Matreu Rimpotché, son lama-racine, lui apparut comme s'il était physiquement présent. Lui demandant d'ouvrir la bouche, il plaça sur sa langue une substance que le malade avala. Après quoi, Matreu Rimpotché disparut. Le malade guérit ensuite complètement. C'est aussi une sorte de guérison miraculeuse.

Un coup de marteau miraculeux

Le précédent Sitou Rimpotché habitait dans la même région que moi. Dans la ville de Dergué se trouvait un forgeron très habile atteint d'une certaine maladie, sans doute la tuberculose. Lui non plus n'arrivait pas à guérir malgré les remèdes. Il forgeait des objets entre autres pour Sitou Rimpotché. Une fois, du fait de sa maladie, l'objet n'avait pas été très bien fait. Quand il le présenta à Sitou Rimpotché, celui-ci se mit en colère, prit un marteau et en frappa le forgeron…qui fut complètement guéri.

Question — Vous avez dit qu'il est bon d'associer méditation et abstinence sexuelle. S'agit-il de techniques de méditation spéciales ou de simples retraites comme celles d'Avalokita ou de Vajrasattva (tib. Dordjé Sèmpa)?

Kalou Rimpotché — Toutes les pratiques ont une incidence sur les canaux, les souffles et les *tiglés*, mais la pratique qui agit spécifiquement sur eux est la pratique de *toumo* qu'on trouve dans les six *dharmas** de Naropa. Ceci dit, la pratique supérieure à toute autre est le *mahamoudra**. Si l'on est réellement capable de faire la pratique du *mahamoudra*, l'essence même du *tiglé* n'est jamais endommagée.

Question — Les herbes et les eaux n'ont pas de *karma*, pas d'enfants, elles n'atteignent pas l'Eveil, il n'y a ni mâle ni femelle. Quel est le rapport avec les humains?

Kalou Rimpotché — Quand j'ai dit: *Sur la terre, il y a moitié herbe moitié eau*, c'était une image. Cela signifie que si on ne trouve pas d'eau à un endroit, ce n'est pas la peine de souffrir pour autant. Il suffit d'aller boire ailleurs.

Question — Quel est le rôle du jeûne dans l'organisme par rapport aux humeurs?

Kalou Rimpotché — Tout dépend de la perspective dans laquelle on jeûne. Dans un *nyoung-né*, on effectue simultanément la méditation d'Avalokita. C'est l'activité de celui-ci pour le bien de tous les êtres qui est bénéfique. Cette pratique, qui relève du Kriya tantra, est purificatrice car, par la méditation, on purifie l'esprit et, en restant sans manger, d'une certaine manière on purifie le corps et l'on écarte les maladies. D'autre part, durant un *nyoung-né*, à part la confection des *tormas**, on n'entreprend aucune activité, on se consacre complètement à la pratique. Il est dit que tout cela plaît à la divinité et qu'il en ressort de grands bienfaits.

Jeûner simplement pour jeûner n'apporte pas de bienfaits spirituels particuliers. Mais si l'on se place dans la perspective de méditer pour atteindre l'Eveil et si l'on se dit que l'attachement à la nourriture ou à la boisson nous contraint, dans notre condition actuelle, de boire et de manger, jeûner un certain temps devient quelque chose de bénéfique. Quand on fait *nyoung-né*, on n'absorbe pendant vingt-quatre heures ni nourriture ni boisson. Le lendemain à l'aube quand on rompt le jeûne, on prend une certaine soupe afin d'éviter que les 84 000 micro-organismes qui vivent dans notre corps ne souffrent eux-mêmes de la faim et de la soif.

Question — Fumer est-il nuisible au niveau des souffles et des canaux subtils?

Kalou Rimpotché — Il est dit que la fumée a la capacité d'entrer dans les canaux subtils et de les obstruer. Fumer est donc nuisible.

Question — Rimpotché a parlé de la pratique de *toumo* comme étant la pratique spécifique pour ne pas endommager les *tiglés*. A mon niveau, j'ai souvent entendu dire que la pratique des prosternations* était utile pour purifier les canaux. Est-ce que Rimpotché pourrait expliquer comment et pourquoi?

Kalou Rimpotché — Il est probable que les prosternations aident à la purification des canaux car, lorsqu'on se prosterne, c'est avant tout un acte de confiance, de dévotion et de ferveur vis-à-vis des Trois Joyaux, dont on reçoit alors la grâce*. Il est certain que cette grâce aide à se purifier soi-même autant que les canaux, les souffles et les tiglés. Mais les prosternations fortifient surtout la foi et la confiance .

Question — Je ne pratique pas du tout, j'ai trop de confusion dans mon esprit pour rester dans le *mahamoudra* et je ne sais même pas ce que c'est. Néanmoins comment est-ce que je peux faire pour ne pas endommager mes *tiglés*?

Kalou Rimpotché — Si on ne se laisse pas entraîner par le désir, on n'endommagera pas les *tiglés*.

Question — Quelle est la cause de l'homosexualité et quelle est sa conséquence sur les souffles et les *tiglés*?

Kalou Rimpotché — Homosexuel ou hétérosexuel, du moment qu'on endommage les *tiglés*, le résultat est à peu près le même. Si, dans nos relations avec les hommes ou avec les femmes, nous avons un attachement modéré et si, d'autre part, nous n'endommageons pas trop souvent nos *tiglés*, ce sera très bénéfique. Ce sont des conseils généraux que chacun doit appliquer à son propre corps en l'examinant. La plupart d'entre vous n'êtes pas des moines. Vous pouvez analyser la situation et si vous voyez que vous endommagez beaucoup vos *tiglés*, peut-être vous rendrez-vous compte que votre esprit n'est pas très heureux ou pas très clair et que, physiquement, vous n'allez pas très bien. Dans ce cas, c'est certainement le signe qu'il faut réduire la fréquence des endommagements.

Question — Est-ce que les *tiglés* peuvent se régénérer?

Kalou Rimpotché — Les *tiglés* se restaurent bien sûr. Nous avons vu tout à l'heure qu'il y avait un sextuple processus de raffinement de la nourriture et que les *tiglés* en étaient l'aboutissement. Mais, si on les endommage trop, ils n'ont pas le temps de se restaurer. Tout ceci dont nous parlons — la question des *tiglés* et de leur endommagement — n'est pas le *dharma* à proprement parler. C'est néanmoins utile à savoir. Plus utile encore est de ne pas développer d'attachement excessif: si l'on ne peut gagner l'amour d'une personne, on en rencontrera une autre.

Question — Est-ce qu'on peut reconnaître les maladies créées par les esprits malins et quelles sont les pratiques pour y échapper?

Kalou Rimpotché — On peut le savoir par la palpation du pouls et l'examen des urines. Différents rituels permettent de guérir; ils doivent être adaptés au type d'esprit dont il est question, notamment de son sexe. D'une manière générale, tous les rituels que l'on effectue avec foi dans les Trois Joyaux ont un aspect positif pour se guérir de telles maladies. En particulier le rituel de *tcheu** se révèle très efficace dans ces cas là.

Question — Si l'on a un orgasme sans qu'il y ait spécialement de contact sexuel, est-ce que cela est aussi nuisible qu'un rapport sexuel normal?

Kalou Rimpotché — Il peut arriver que l'on perde ses *tiglés* sans raison apparente. Il s'agit d'un problème de canaux pour lequel il existe des médicaments. Trois causes peuvent provoquer la perte des *tiglés* en dehors du désir sexuel: en cas de production excessive, sous l'effet d'un esprit malin, et sous l'action de certaines maladies.

D'une manière générale nous pensons continuellement en termes de "je", de "moi", de "mon" corps, "ma" parole, "mon" esprit. Nous sommes extrêmement attachés à cette idée de "moi". A partir de cette saisie d'un égo surgissent les émotions perturbatrices, l'emprise des esprits malins et les maladies. Le meilleur remède que l'on puisse trouver consiste — au cours de la méditation d'Avalokita — à nous visualiser sous la forme de la divinité. Nous pensons que notre corps est devenu le corps d'Avalokita. La grande différence avec ce corps-ci est que nous ne l'imaginons pas comme un corps substantiel et matériel, mais comme une apparence à la fois vide et manifestée, comme un arc-en-ciel. Toujours dans cette méditation, au lieu de penser "ma" parole, nous pensons simplement que la parole que nous émettons, le *mantra** OM MANI PADMÉ HOUNG, est un son vide, comme un écho, qu'il n'a pas de réalité en soi. De même, au lieu de penser "mon" esprit, nous pensons que tout ce qui se produit intérieurement est l'esprit d'Avalokita, qu'il n'y a pas de réalité en soi des phénomènes mentaux mais simplement l'union de la faculté de connaissance et de la vacuité, le *mahamoudra*.

Les conditionnements latents nous poussent toujours à nous assimiler à notre corps, à notre parole à notre mental. Nous pensons qu'ils existent réellement et que nous-mêmes sommes limités à eux. En faisant la méditation d'Avalokita, nous développons un autre type de tendance et de conditionnement. Nous nous habituons à penser que corps, parole et esprit sont ceux d'Avalokita et que ce sont des manifestations vides. De plus, la visualisation du corps d'Avalokita et la récitation de son *mantra* sont chargés d'une très forte grâce, d'une très forte compassion. Ils possèdent un pouvoir propre. La tendance nouvelle que nous développons, ajoutée à l'action propre de la visualisation et de la méditation, entraîne des effets extrêmement puissants pour cette vie-ci et pour les vies à venir.

Nos émotions conflictuelles sont comme un grand fleuve. Si nous cherchons à les arrêter, il est à peu près impossible d'y parvenir. Mais d'un certain point de vue, quand on sait vraiment de quoi il retourne, ce n'est pas un problème. Les émotions conflictuelles viennent en effet de l'esprit. Or l'esprit étant vide, elles ne peuvent avoir d'existence en soi. Si l'on connaît et applique les méthodes qui permettent de reconnaître cette nature vide des émotions, alors elles ne créent plus de problème.

Karma Migyur Ling, décembre 1984

7 - Les rouages du samsara

Les six mondes

L'ignorance

L'ignorance (sct. *avidya*, tib. *marikpa*), c'est-à-dire la non-connaissance, se situe à deux niveaux:
- l'ignorance fondamentale,
- l'ignorance déterminée.

L'ignorance fondamentale constitue le fondement de l'illusion* dans laquelle vivent tous les êtres ordinaires; elle est la racine du *samsara**. On la définit comme la situation de l'esprit qui ne reconnaît pas sa propre nature Eveillée. L'ignorance, c'est l'esprit ne se reconnaissant pas lui même.

Les êtres ordinaires font, sous des formes très variées, l'expérience de la souffrance et de la douleur. Un *bouddha**, par contre, est allé au-delà de la souffrance; il a atteint le *nirvana*. Cette différence entre un être ordinaire et un *bouddha* procède, fondamentalement, de la connaissance ou de l'ignorance du mode d'être de l'esprit*. La première caractérise les êtres Eveillés, la seconde les êtres ordinaires.

A la question de l'origine temporelle de l'ignorance, on ne peut que répondre qu'elle est sans commencement. En ce sens, cette ignorance fondamentale est encore appelée "ignorance innée", comparable à la gangue qui accompagne l'or dans son état naturel.

Vacuité, clarté et intelligence sans obstruction caractérisent le *tathagatagarbha**, le potentiel de l'Eveil. Du fait que celui-ci n'est pas reconnu, la vacuité est faussement prise pour "moi" et la clarté faussement prise pour "autre". Ainsi se structure la dualité moi-autre. Ce nouveau degré d'erreur constitue "l'ignorance déterminée", ainsi nommée car elle comprend les déterminations erronées que sont moi et autre.

Considérer que l'ignorance existe depuis des temps sans commencement semble laisser supposer que la connaissance n'a, quant à elle, jamais existé. Il faut voir les choses sous un autre angle: l'ignorance implique en effet la présence de la vraie nature de l'esprit qui, tout en n'étant pas reconnue, est connaissance en elle-même. C'est ce qu'exprime la notion de *Samantabhadra*, le "*bouddha* éternel", autrement dit l'état de *bouddha* primordialement existant, même s'il est ignoré.

De l'ignorance aux six mondes

En raison de la dualité issue de l'ignorance fondamentale se créent les émotions conflictuelles*: le désir-attachement, la haine-aversion et l'aveuglement, qui se subdivisent jusqu'à former un ensemble de 84 000 émotions conflictuelles. Sous leur emprise, les êtres accomplissent des actes variés produisant le *karma* qui, à son tour, entraîne l'expérience des six mondes:
- les enfers*,
- les esprits avides*,
- les animaux,
- les humains,
- les demi-dieux*,
- les dieux*.

Réalité des six mondes

On peut considérer comme arbitraire cette notion des six mondes ou ne voir en elle qu'une construction hypothétique sans réel fondement. Cependant, du point de vue bouddhiste, elle ne peut, du simple fait qu'elle a été enseignée par le Bouddha lui-même, être dénuée de validité.

Le Bouddha donne, par exemple, une description détaillée des huit enfers brûlants, leur attribuant une localisation précise, sous la terre, chacun à une distance donnée de la surface du sol. Ces détails n'ont pas pour but d'impressionner les esprits; ils correspondent à une cer-

La roue des existences.
Le cercle extérieur représente les douze causes interdépendantes.

taine réalité. Envisager l'existence des trois mondes inférieurs n'est pas faire preuve d'imagination; l'infinie variété du monde animal, les trente-six classes d'esprits avides, les huit enfers brûlants, les huit enfers glacés, les enfers occasionnels et les enfers périphériques sont une description d'états d'existence dont les êtres font effectivement l'expérience.

Les *soutras** proposent de même une vision détaillée des mondes supérieurs, ceux des humains, des demi-dieux et des dieux.

Les humains ne sont pas, dans ce contexte, réduits à ceux qui vivent sur la Terre, le continent* Sud, mais sont envisagés comme étant des peuples variés habitant les quatre continents et les huit sous-continents entourant, selon la cosmologie traditionnelle, la montagne axiale de l'univers, le Mont Mérou.

Les demi-dieux sont, pour leur part, localisés sur les pentes du Mont Mérou.

Quant aux dieux, ils se divisent en de nombreuses catégories réparties dans les trois sphères*. Les dieux de la sphère du désir, en premier lieu, forment six classes: une résidant sur la partie supérieure des pentes du Mont Mérou, une autre sur le sommet de celui-ci (le "Monde des Trente-trois") et les quatre restantes dans le ciel qui le domine. Au-delà de la sphère du désir, demeurent les seize catégories de dieux de la sphère de la forme, appelées les mondes de Brahma, puis les quatre catégories de dieux de la sphère de la non-forme: "Espace infini", "Conscience infinie", "Non perceptible" et "Ni existant ni non-existant", le plus haut de tous les mondes du *samsara*.

Degrés de réalité

Tous ces mondes ont été décrits par le Bouddha; ils correspondent donc à des états d'existence réellement perçus. On ne peut cependant pas dire qu'ils possèdent une réalité en soi, puisque, en dernière analyse, ils ne sont qu'une projection de l'esprit. D'où viennent, selon le Bouddha, les flammes et le métal en fusion des enfers, d'où viennent les tortures et les brûlures qui y affligent les êtres? Ce sont les projections d'un esprit mauvais.

Toute la manifestation n'est qu'une expression, sous des formes variées, des potentialités de l'esprit. Ce qui, par exemple, se présente aux humains comme de l'eau, apparaît aux êtres des enfers comme du plomb fondu, aux esprits avides comme du pus ou d'autres matières repoussantes. Pour certains animaux, l'eau constitue un habitat, pour les demi-dieux elle est une arme, pour les dieux du nectar. Une unique potentialité ne prend donc une réalité qu'en rapport avec l'expérience que nous en faisons. Les objets ne sont pas des réalités essentielles, mais des projections mentales.

Au-delà de la contradiction

Le Bouddha, d'un côté, présente donc les six mondes comme réels, tandis que, d'un autre côté, il nous explique qu'ils n'ont pas de réalité en eux-mêmes, qu'ils ne sont qu'une projection. Il ne s'agit pas d'une contradiction, mais du reflet des deux angles sous lesquels la manifestation peut être envisagée: ce qui est réel d'un point de vue relatif ne l'est pas d'un point de vue absolu. Il est dit que les phénomènes ne sont ni réels ni irréels, qu'ils sont semblables au reflet de la lune sur l'eau. Dans la mesure où quelque chose est perçu, ce reflet possède une certaine réalité; mais, en même temps, le reflet n'est pas un objet tangible: il n'est donc pas réellement existant.

Le monde ne possède de réalité qu'en fonction de ceux qui le perçoivent. Vous êtes nombreux à écouter maintenant cet enseignement. Lorsque, ce soir, vous irez vous coucher, chacun d'entre vous fera des rêves qui lui seront propres. Lorsque nous nous retrouverons demain matin, est-ce que chacun prétendra que la seule manifestation réelle de la nuit était *son* monde onirique, que celui des autres était faux? Cela n'aurait aucun sens. Dans nos rêves, nous faisons chacun l'expérience d'un monde qui, *pour nous*, est réel. Mais il n'a pas de réalité en soi. Il en va de même des différents mondes[1].

Dans les enfers et chez les dieux

Nous trouverons une autre indication de la nature subjective de notre relation aux phénomènes dans le fait suivant: il est dit qu'il exis-

1 - Les mondes tels que le nôtre sont, bien sûr, perçus non par un seul individu, comme le rêve, mais par un grand nombre de personnes. Cela n'accroît pas leur degré de réalité, mais implique seulement un *karma* commun conditionnant un certain type de manifestation commun.

te une certaine catégorie d'êtres infernaux, la pire de toutes les conditions d'existence de l'univers, qui subit les souffrances de chacune des six classes d'êtres. Si nous considérions chacun de ces mondes comme une réalité physique dont les habitants feraient une expérience passive, il ne serait pas concevable qu'un être rencontre simultanément toutes ces souffrances, puisqu'au moins cinq d'entre elles devraient être ailleurs. Cette expérience des six mondes réunis en un seul n'est possible que parce qu'ils sont créés par l'esprit.

Le cinquième degré des dieux de la sphère du désir s'appelle "Emanation joyeuse". Ce nom tient au fait que les dieux y possèdent la faculté de créer, par un simple effort de projection mentale, tout phénomène agréable dont ils ressentent le besoin: un bel objet, des sons harmonieux, des plats savoureux, voire des dieux ou des déesses pour goûter leur compagnie. Le sixième degré des dieux de la même sphère, nommé "Autorité sur les émanations d'autres", présente un stade encore plus raffiné, puisque les dieux n'ont pas besoin de créer mentalement ce qu'ils souhaitent; ils en confient le soin à d'autres. Ces deux mondes fournissent une bonne illustration de l'aptitude de l'esprit à modeler la manifestation.

Lorsqu'on se remémore la nature subjective de l'expérience des individus, celle-ci étant conditionnée par le *karma*, il devient plus facile de comprendre comment, dans le cadre général de la condition humaine, de nombreuses modulations interviennent: certains vivent plus longtemps que d'autres; certains sont plus riches que d'autres, jouissent d'une meilleure santé que d'autres, sont plus heureux que d'autres, s'accommodent plus facilement de leur situation que d'autres, etc. Toutes ces nuances sont des expressions extérieures des *karmas* individuels. C'est pourquoi le Bouddha a pu dire que les trois sphères et les six mondes ne sont que l'esprit.

Lorsque l'esprit s'éveille de l'ignorance semblable au sommeil, est atteint l'état de *bouddha*. Dès lors, les différents corps* de *bouddha*, les champs purs manifestés pour le bien des êtres, toutes les qualités s'épanouissent spontanément, du simple fait que l'esprit fait l'expérience directe de sa propre nature.

Samyé-Ling, mars 1983

Si les phénomènes avaient une existence en soi, nous ne pourrions pas nous libérer. La possibilité d'atteindre la libération par la pratique du *dharma* tient au fait que les phénomènes ne sont pas réels; nous pouvons donc nous défaire de l'illusion de leur réalité intrinsèque.

Cependant, du fait que nous les prenons maintenant pour réels, nous sommes obligés de tenir compte des lois qui régissent la manifestation. Par l'accomplissement des actes positifs, nous mettons en effet en marche un processus engendrant le système d'apparences heureuses des mondes supérieurs, alors que les actes négatifs entraînent les apparences douloureuses des enfers, du monde des esprits avides et de celui des animaux. Bien que ces bonheurs et ces souffrances soient illusoires, tant que nous ne sommes pas libérés, nous les expérimentons comme réels.

Bruxelles, octobre 1984

Les douze causes interdépendantes

*Samsara** signifie rotation ou roue, comme on pourrait parler de la roue d'un véhicule, impliquant l'idée de quelque chose qui tourne continuellement.

La force qui imprime son mouvement à cette roue ne vient pas de l'extérieur, mais elle résulte de nos propres actes*. Les actes négatifs entraînent la renaissance dans les mondes inférieurs (animaux, esprits avides* et enfers*), les actes positifs dans les mondes supérieurs (dieux*, demi-dieux* et humains). Le *samsara* est ainsi décrit comme un ensemble de six mondes, auxquels on ajoute parfois un septième, le *bardo**.

Bardo signifie intervalle et désigne le plus souvent, comme dans le cas qui nous occupe, la période intermédiaire entre la mort et la renaissance. Mais il peut s'appliquer à bien d'autres circonstances; nous pourrions, par exemple, parler d'un *bardo* pour nommer le *no man's land* séparant la France de la Belgique.

On appelle parfois "*samsara* extérieur" les six classes d'êtres et "*samsara* intérieur" le *bardo*. On parle aussi de la succession de nos pensées comme composant le "*samsara* secret".

Une des manières d'envisager le fonctionnement du *samsara* est de

Figurations traditionnelles de l'ignorance,
représentée par un aveugle, et des impulsions karmiques,
symbolisées par des potiers.

se placer du point de vue du processus des douze causes interdépendantes:
1 - ignorance,
2 - impulsions karmiques,
3 - consciences,
4 - nom et forme,
5 - facteurs de perception,
6 - contact,
7 - sensation,
8 - envie,
9 - saisie,
10 - devenir,
11 - naissance,
12 - vieillesse et mort.

Bruxelles, octobre 1984

Le plus simple, pour comprendre les douze causes interdépendantes, est de les mettre dans une perspective chronologique partant de la mort pour y retourner, après avoir franchi toutes les étapes du *bardo*, de la naissance et de la vie.

1 - *Ignorance* — Avant cette vie, nous avons fait l'expérience d'une autre vie à la fin de laquelle s'est opérée la séparation de l'esprit et du corps, ce qu'on appelle la mort, qui produisit une période d'inconscience semblable au sommeil profond ou bien à un évanouissement. Cette période, variable selon les individus, mais durant généralement trois jours et demi, correspond, dans la chaîne des douze causes interdépendantes, au premier maillon: l'ignorance.

2/3 - *Impulsions karmiques et consciences* — Lorsque cette période s'achève, de la même manière qu'on sort du sommeil profond, le mental recommence à fonctionner, mis en mouvement par les impulsions karmiques, qui constituent un premier degré d'activité, très primitif. Rapidement, elles sont suivies par une activité plus structurée et plus élaborée: les consciences*.

Dans le cadre des cinq agrégats*, la description du fonctionnement du psychisme inclut, avant le stade des impulsions karmiques ou volitions, celui des perceptions. C'est pourquoi, lorsqu'on envisage les douze causes interdépendantes, on peut aussi intercaler les perceptions entre l'ignorance et les impulsions karmiques. Ces trois premiers maillons de la chaîne sont comparables aux trois phalanges d'un doigt; l'ensemble forme une unité dont les composants peuvent être séparés ou regroupés. Dans le cas présent, perceptions et impulsions karmiques sont réunies sous une même rubrique.

4 - *Nom et forme* — Sur la base des consciences, s'est formé, depuis des temps sans commencement, un conditionnement à la dualité "moi" et "autre". Ce conditionnement produit automatiquement l'idée: "J'ai un corps", qui, dans le contexte du *bardo* dans lequel nous nous situons toujours, n'est pas un organisme physique mais un simple corps mental, ce qui n'empêche pas l'esprit du *bardo* de l'appréhender comme quelque chose de réel. Aux trois maillons précédents, s'ajoute donc le sentiment d'avoir un corps. L'ensemble est appelé "l'agrégat des quatre noms", à savoir l'ignorance, les impulsions karmiques, les consciences et la "forme" mentale tenant lieu de corps. Pour cette raison, le quatrième maillon est appelé "le nom et la forme".

5 - *Facteurs de perception* — Nous arrivons ensuite aux six facteurs de perception. Habituellement, on dénombre dix-huit facteurs de perception et non six. Sous cette rubrique, on regroupe en effet les six organes des sens, les six consciences des sens et les six objets des sens. Nous avons ainsi l'œil associé à la conscience visuelle et aux objets extérieurs qu'il perçoit, l'oreille associée à la conscience auditive et aux sons, le nez associé à la conscience olfactive et aux odeurs, etc. Cependant, dans le *bardo*, le corps et l'environnement extérieur ne possédant pas de fondement physique, tout est réduit au mental. Les organes des sens ne sont pas matériellement présents, pas plus que la manifestation extérieure ne repose sur une réalité matérielle. Seul le psychisme crée l'impression d'un corps et d'un monde extérieur. On ne parle donc que de six facteurs de perception.

6 - *Contact* — Etant donné que, dans le système de manifestation subjectif du *bardo*, se crée le sentiment d'objets perçus par les consciences par le biais des organes mentaux, intervient, en tant que sixième maillon, le contact. De la même manière que nous touchons un objet avec le doigt, les facultés sensorielles du *bardo* entrent en contact avec leurs objets respectifs.

7 - *Sensation* — En raison du contact, est éprouvée, septième maillon de la chaîne des douze causes interdépendantes, une certaine sensation, agréable ou désagréable.

8 - *Envie* — Vient ensuite l'envie, qui prend place dans une solidification de la situation due à une tendance à interpréter ce qui est perçu, que ce soit agréable ou désagréable, comme existant vraiment en tant qu'objet extérieur. Se produit donc l'envie d'agir vis-à-vis de l'objet.

9 - *Saisie* — De cette envie procède la saisie: l'objet est pleinement accepté comme réel, ce qui entraîne la volonté de s'en emparer. Prenons un exemple pour mieux suivre le processus: lorsqu'une personne voit un fruit, la *conscience* visuelle établit le *contact* avec l'objet par le canal de l'œil; puis s'ajoute une *sensation*, qui peut être agréable si le fruit semble bon. De là vient l'*envie* de posséder le fruit, qui se concrétise dans l'acte de le prendre: la *saisie*.

10 - *Devenir* — Dans le cas du *bardo*, une fois qu'est constitué "l'agrégat des quatre noms", se développent les six facteurs de perception, puis, par la force du *karma*, l'esprit est poussé à voir ses futurs parents s'unir; cette vision correspond au contact, suivi par la sensation, puis par l'envie, d'où procède le mouvement de saisie. Celle-ci pousse à entrer dans la matrice, de sorte que l'esprit s'unit à la matière; c'est le point initial du devenir, celui-ci recouvrant en fait toute la période de la gestation. On peut l'envisager comme un effort de l'esprit en vue de s'incarner ou bien comme une force qui le contraint à le faire.

Le processus de la conception est présidé par une réaction émotionnelle intervenant lorsque sont perçus les parents qui s'unissent. Si le *karma* du futur être humain est de renaître en tant qu'homme, il éprouvera alors de l'attraction pour sa mère et de l'aversion pour son père. Inversement, s'il est destiné à s'incarner comme femme, il ressentira de l'attraction pour son père et de l'aversion pour sa mère. Ce double sentiment d'attraction-aversion agit comme facteur provoquant l'entrée dans la matrice.

Les supports matériels auxquels s'unit l'esprit au moment de la conception sont regardés comme intervenant dans le cours d'une transformation en sept étapes dont chacune prend une journée: l'essence de la nourriture assimilée par les parents passe en effet dans le sang, de là dans le tissu musculaire, puis dans le tissu adipeux, dans les os et dans la moelle; de ce stade procèdent les "*bindous* (tib. *tiglés*) blancs et rouges", c'est-à-dire les spermatozoïdes et les ovules, dont l'essence la plus subtile se répand dans tout le corps et produit un bien-être physique autant que psychique. Nous trouvons donc les facteurs matériels de la conception à la sixième étape de ce processus métabolique: les *bindous* blanc et rouge, auxquels s'unit l'esprit du *bardo*.

L'étape du devenir correspond à une stabilisation de l'esprit qui, tant qu'il était dans le *bardo*, était comparable à une plume ou à un morceau de papier que le vent emporte de tous côtés par sautes soudaines. De la même manière que le papier ou la plume peuvent, dans leur course, heurter un objet gluant sur lequel ils se collent, l'esprit vagabond du *bardo* se fixe sur les *bindous*.

Pour un être dont le *karma* est très positif, la période de la gestation ainsi que la naissance peuvent se dérouler sans douleurs. En général, cependant, le fœtus éprouve de nombreuses souffrances en raison des contraintes que lui impose sa situation; nous savons bien que nous-mêmes sommes rapidement mal à l'aise si nous devons rester trop longtemps jambes pliées ou, au contraire, trop longtemps jambes tendues. Le fœtus, de manière similaire, subit de nombreux désagréments ne serait-ce que du fait de ne pouvoir bouger comme il le désirerait.

11 - *Naissance* — Le devenir débouche naturellement sur la naissance, moment très douloureux, même si, par la suite, nous l'oublions.

12 - *Vieillesse et mort* — Faisant suite à la naissance se met en marche le processus de sénescence, dans lequel s'inscrivent la maladie et de nombreuses souffrances. Inéluctablement, l'impermanence conduit à la mort. Nous trouverons une illustration très concrète de ce qu'est l'impermanence en regardant une montre: de seconde en seconde, sans arrêt, les aiguilles avancent. De la même manière, l'impermanence progresse d'instant en instant tout au long de notre vie. Que ce soit en raison de la vieillesse, d'un accident ou d'une maladie, nous n'échapperons pas à la mort; seule la durée de notre vie varie.

La naissance est un processus douloureux, la mort l'est aussi. Au cours de notre vie nous ne manquons pas, par ailleurs, d'être confrontés à de nombreuses difficultés. D'une manière générale, le Bouddha, en enseignant les douze causes interdépendantes, a insisté sur les souffrances qu'elles impliquent nécessairement.

Nous avons ainsi parcouru l'ensemble des maillons composant les douze causes interdépendantes: ignorance, impulsions karmiques, consciences, nom et forme, facteurs de perception, contact, sensation, envie, saisie, devenir, naissance, vieillesse-mort.

La partie de cette succession qui implique une existence physique est très semblable à la croissance d'une fleur. L'enfant se développe jusqu'à atteindre la plénitude du jeune adulte tout comme le bouton s'ouvre jusqu'au plein épanouissement de la corolle. La fleur entame ensuite un processus qui la conduit inévitablement à se faner, et l'être humain glisse sur la pente qui l'entraîne vers la vieillesse, la diminution progressive de ses facultés et la mort. Celle-ci passe par une résorption des cinq éléments* qui s'achève par une phase de totale inconscience. L'esprit retombe alors dans l'ignorance, le premier des douze maillons. Ainsi se perpétue sans cesse l'enchaînement des causes interdépendantes.

Samsara individuel et collectif

Les douze causes interdépendantes sont une manière de décrire le *samsara*. Nous pouvons les appeler le "*samsara* individuel", car elles décrivent le cycle que reproduit continuellement chaque individu.

Nous pouvons aussi regarder le *samsara* sous un angle collectif en envisageant les différents modes d'incarnations que sont les six mondes: les trois mondes supérieurs (humains, demi-dieux et dieux), auxquels les actes positifs donnent accès et les trois mondes inférieurs (animaux, esprits avides et enfers) où mènent les actes négatifs.

Il faut noter que les douze causes interdépendantes entretiennent automatiquement leur continuité. Il n'est pas nécessaire de les remonter comme on le ferait pour une montre à ressort. Aucune intervention de l'extérieur n'est nécessaire. Elles fonctionnent comme une montre à pile, sans remontoir…

Méditation des douze causes

Tous les niveaux de l'enseignement du Bouddha incluent la notion des douze causes interdépendantes. On la trouve cependant développée avec le plus de détails et le plus d'insistance dans le véhicule des *bouddhas* solitaires, un des aspects du petit véhicule, où elle sert de support de méditation. Le pratiquant réfléchit alors profondément à chacun des maillons dans l'ordre où nous les avons décrits, depuis l'ignorance jusqu'à la mort. Puis, il les examine dans l'ordre inverse, se posant la question de l'origine de chacune:

— Comment la vieillesse et la mort ont-elles pu se produire? Parce qu'elles ont été précédées par la naissance.

— Pourquoi la naissance? A cause du devenir, c'est-à-dire de l'entrée dans la matrice.

— Pourquoi le devenir? A cause de la saisie.

— Pourquoi la saisie? A cause de l'envie, etc.

Le méditant, de la sorte, revient jusqu'au premier maillon, l'ignorance. Il est amené à se poser une dernière question:

— D'où vient l'ignorance? Elle vient de l'esprit.

Pour mettre fin à l'enchaînement des douze causes il faut donc réaliser la vacuité de l'esprit. Le pratiquant, s'exerçant ainsi à demeurer absorbé dans la vacuité, parvient à l'état de réalisation partielle propre aux *bouddhas* solitaires.

Nous nous trouvons nous-mêmes entre la naissance et la mort.

C'est la séquence la plus longue de l'ensemble des douze causes, celle aussi qui peut se révéler la plus féconde. Elle nous fournit en effet l'occasion d'étudier et de pratiquer le *dharma*, d'avancer sur le chemin de la libération et de l'état de *bouddha*. C'est le meilleur usage que nous puissions en faire.

Samyé-Ling, mars 1983

Question — Lorsqu'on atteint la libération, comment se fait-il, puisqu'il n'y a plus de *karma*, que nous ne nous dissolvions pas totalement mais que nous puissions créer des émanations?

Kalou Rimpotché — La libération n'est pas du domaine physique, comme si nous sortions d'un endroit pour nous rendre dans un autre. C'est l'esprit qui se libère.

Le chemin de la libération s'appuie en premier lieu sur un type de méditation appelé "pacification mentale" (sct. *samatha*, tib. *chiné*). Notre esprit est habituellement agité, entièrement incontrôlé. *Chiné* permet de le pacifier et de le stabiliser, donnant la possibilité de mettre en œuvre des méditations plus profondes conduisant à la reconnaissance de sa vraie nature.

Notre état intérieur actuel est comparable à une bougie exposée au vent. On a beau s'efforcer de l'allumer, les rafales l'éteignent sans cesse. Ces rafales sont les émotions conflictuelles ainsi que les pensées qui empêchent d'établir une attention véritable. La première étape de la méditation vise donc à la pacification.

Lorsqu'on parvient à un degré suffisant de *chiné*, on peut aborder la double question: Qui tourne dans le *samsara*? Qui obtient la libération? Il s'agit, bien sûr, de l'esprit. On cherche alors à comprendre la nature de celui-ci, de découvrir qu'il est vacuité, clarté et intelligence sans obstruction. Cette seconde phase de la méditation est appelée "vision supérieure" (sct. *vipasyana*, tib. *lhakthong*); elle ouvre la voie menant effectivement à la libération, celle-ci se produisant à la première terre* de *bodhisattva*. L'esprit obtient alors un très grand contrôle sur lui-même en même temps qu'une grande capacité d'agir pour le bien des autres.

La pacification mentale et la vision supérieure constituent une voie parfaitement authentique. Nous vivons cependant dans une époque peu favorable à la pratique du *dharma*, en raison de l'activité intense des humains, de l'abondance des distractions et d'une certaine paresse. Aussi, plutôt que de nous fier uniquement à nos propres forces dans la méditation, peut-il être plus habile de nous appuyer sur une force plus grande que la nôtre. Supposez que vous souhaitiez vous rendre dans un endroit relativement éloigné: vous pouvez y aller à pied, ce qui demandera du temps et de la fatigue. Mais vous pouvez aussi faire de l'auto-stop ou prendre un taxi: vous utilisez le véhicule d'un autre, économisant votre temps et votre énergie.

Pratiquer *chiné* et *lhakthong*, accroître la compassion et la connaissance de la vacuité en nous appuyant sur la seule puissance de notre esprit risque d'être fort difficile. Si, par contre, nous prenons appui sur une force plus grande que la nôtre, par exemple celle d'Avalokita (Tchènrézi*), le cheminement devient beaucoup plus facile. Nous prenons une voiture ou un train plutôt que d'aller à pied.

La forme de la divinité* qu'est Avalokita ainsi que son *mantra** sont investis d'une grande puissance, d'une grande grâce et d'une grande compassion. Par la méditation d'Avalokita et par la récitation de son *mantra*, nous recevons le concours d'une force qui nous permet d'avancer rapidement vers l'Eveil.

La pratique d'Avalokita inclut *chiné*, puisque nous appliquons notre attention sans distraction à la visualisation du corps de la divinité et à la récitation du *mantra*. A supposer même que nous ne parvenions pas à visualiser, la concentration sur la récitation du *mantra* serait suffisante, par la grâce que renferme celui-ci, pour que notre méditation progresse et débouche naturellement sur *lhakthong*.

Avalokita donne la possibilité d'un chemin très facile et très rapide. Vous êtes, le plus souvent, peu enclins à le croire. Vous pensez qu'il y a quelque chose de supérieur qu'on vous cache...Ce n'est pourtant pas une opinion personnelle. Le Bouddha ainsi que Padmasambhava* ont, à de nombreuses reprises, affirmé que la voie d'Avalokita était la meilleure et la plus bénéfique.

Bruxelles, octobre 1984

8 - Esprit, éléments et agrégats

Kalou Rimpotché enseignait souvent une pratique particulière de *chiné** et de *lhakthong** s'appuyant sur des visualisations où des formes géométriques colorées représentent les éléments* et les agrégats*. Ces méditations, appartenant au *vajrayana*, n'étaient enseignées qu'aux personnes ayant au moins pris refuge. C'est pourquoi, afin de respecter cet aspect de la transmission, il n'est pas possible d'éditer la description des visualisations qu'elles impliquent. L'enseignement retranscrit ici est donc, d'une certaine manière, incomplet. Il nous a cependant paru intéressant de publier les données générales qui encadrent ces pratiques, notamment les explications concernant les éléments et les agrégats.

Nous allons aujourd'hui aborder une pratique de *chiné**, dite "pratique spéciale". Pour en comprendre le but, il est nécessaire, au préalable, de savoir comment fonctionne l'esprit*.

L'existence humaine est caractérisée par une grande capacité de compréhension et d'intelligence qui lui donne une supériorité sur d'autres formes d'êtres. Cependant, si nous ne comprenons ce qu'est l'esprit, de nombreuses conceptions erronées apparaissent: nous pensons par exemple que l'esprit ne saurait exister en l'absence du corps ou bien que les vies passées et futures n'existent pas. Pourtant, depuis des temps sans commencement, notre esprit s'est incarné dans des millions d'existences, et, sous des formes multiples, il continuera d'errer dans le *samsara** tant que nous n'aurons pas atteint l'état de *bouddha**.

Nous verrons aujourd'hui comment les cinq éléments* — terre, eau, feu, air, espace — sont des composants non seulement de notre corps et du monde extérieur, mais font aussi partie de la nature de l'esprit.

Les éléments dans le corps et dans l'univers

Dans notre corps, les cinq éléments sont facilement identifiables:
- la chair, les os et les autres constituants solides forment l'élément terre;
- le sang, la lymphe et les différents liquides, l'élément eau;
- la chaleur du corps, l'élément feu;
- la respiration, l'élément air;
- les différents orifices, les pores de la peau, les cavités, etc., l'élément espace.

Le rayonnement naturel de ces cinq éléments s'exprime par ailleurs dans le monde extérieur:
- l'élément "terre" correspond à l'état solide de la matière,
- l'eau à l'état liquide,
- le feu à l'état igné[1],
- l'air à l'état gazeux,
- l'espace au vide dans lequel prennent place les états précédents.

Les éléments dans l'esprit

Dans l'esprit, les cinq éléments correspondent à ses différentes caractéristiques:

- L'esprit est vide: il ne peut être défini en termes de formes, de couleurs, ou de volume. Etant sans limite, il est ainsi semblable à l'élément espace. Un des signes de sa vacuité est qu'il peut contenir la pensée de toutes choses proches ou lointaines, grandes ou petites.

- L'esprit, en deuxième lieu, est clarté. De même que la lumière du soleil rend visible le monde extérieur, l'esprit, par sa clarté, possède la capacité de connaître toutes choses ainsi que la puissance dynamique grâce à laquelle si, par exemple, nous pensons à l'Amérique, à l'Inde ou à tout autre pays, nous pouvons effectivement former l'image mentale de ces pays. Cette clarté est semblable à l'élément feu qui donne la lumière.

- L'esprit peut, par ailleurs, être comparé à une vaste mer ou à un grand fleuve, car il n'y a pas en lui de solution de continuité; il existe

1 - "Etat igné" n'est qu'un raccourci commode pour la traduction; "énergie" serait sans doute plus approprié, mais un peu trop éloigné des termes tibétains.

depuis et pour toujours. L'absence de discontinuité de la clarté et de la vacuité de l'esprit correspond à l'élément eau.

- Peut-être avons-nous en ce moment l'esprit heureux; mais il est possible que, dans un instant, il devienne malheureux; il est tantôt paisible, tantôt agité. Les changements qui se manifestent dans la clarté et la vacuité de l'esprit correspondent à l'élément air, à la versatilité du vent.

- Par le jeu des quatre éléments que sont l'espace, le feu, l'eau et l'air, une très grande variété d'émotions et de pensées se manifestent. Ainsi l'esprit est-il comme une base permettant toutes les manifestations agréables ou désagréables. Il est semblable à l'élément terre, fondement solide sur lequel pousse la végétation et vivent les animaux et les hommes.

L'esprit n'est pas limité par le corps

Trois caractéristiques fondamentales définissent l'esprit: la vacuité, la clarté et l'intelligence sans obstruction. Lorsque l'esprit ainsi défini est pur, il est encore appelé "potentiel de conscience primordiale"; lorsqu'il est entravé par les quatre voiles*, il devient "potentiel de conscience individualisée" et donne lieu à l'émergence de sept autres consciences fonctionnant en mode dualiste: les consciences visuelle, auditive, olfactive, gustative, tactile, mentale et perturbée.

Certaines personnes pensent que les huit consciences ne peuvent fonctionner hors du corps. Cependant, étant de la nature même de l'esprit, elles sont opérantes tant qu'il y a l'esprit. L'exemple du rêve permet de le comprendre: les huit consciences font en effet que, dans un contexte autre que celui du corps et des organes physiques, nous pouvons voir, entendre, etc[1]. Ce même type de fonctionnement intervient lorsque nous sommes dans le *bardo*, après avoir quitté notre corps au moment de la mort: toutes sortes d'apparences, souvent

1 - Cet exemple du rêve ne nie pas qu'il puisse y avoir, dans le cadre de l'existence présente, un rapport entre le cerveau, composant du corps physique, et les apparences du rêve, mais il montre que les consciences peuvent fonctionner indépendamment des organes physiques que sont les yeux, les oreilles, etc., puisque, dans le rêve nous voyons et nous entendons avec des yeux et des oreilles qui n'existent pas en dehors de l'esprit.

effrayantes, se manifestent alors et nous percevons des formes, des sons, des couleurs, bien que nous ne possédions plus d'organisme physique.

Un château de sable

Comment pouvons-nous nous assurer que l'esprit est bien tel que nous venons de le décrire? Lorsque nous recevons cette description d'un lama ou d'un instructeur spirituel, nous pouvons penser: "Oui, c'est sans doute ainsi". Mais ce n'est pas suffisant: il nous faut faire un pas supplémentaire et le vérifier par nous-mêmes, au moyen de la méditation.

Pour ce faire, dans un moment calme, nous nous retirons, nous nous asseyons et nous plaçons le corps dans une position bien droite. Nous laissons simplement l'esprit reposer en lui-même, se regardant sans distraction. Puis, nous enquêtons: L'esprit est-il bien vide? Est-il clair? Est-il oui ou non composé de cinq éléments? Nous essayons de trouver des réponses par nous-mêmes. Si, méditant ainsi, nous découvrons que l'esprit n'est pas vide, n'est pas clair, est obstrué, n'est pas composé de cinq éléments, nous pourrons en conclure que les enseignements le concernant sont erronés. Si, par contre, nous constatons qu'effectivement l'esprit est clair, vide, non-obstrué, de la nature des cinq éléments, nous serons convaincus de la vérité de la description.

Par cette vision et cette compréhension de l'esprit, toutes les activités du monde et toutes les connaissances seront perçues comme n'étant rien d'autre qu'un château de sable construit par un enfant, avec lequel il s'amuse en imaginant des aventures sans fin.

Le mouvement des vagues

Si nous nous appliquons à une conduite parfaite, nous abstenant de tuer et faisant preuve d'un esprit altruiste, nous obtiendrons dans nos vies futures une existence humaine identique à celle dont nous jouissons actuellement. Elle nous apportera toutes les satisfactions ordinaires: nous disposerons d'une habitation confortable, nous exercerons un bon métier, nous aurons un corps sain, une longue vie, etc.; ou bien nous renaîtrons dans des états d'existence divins où ces bonheurs sont plus grands encore. Ce sera le résultat de nos actes présents: grâce aux actes positifs nous obtiendrons des résultats positifs. Telle est la loi du *karma*.

Celle-ci s'inscrit dans le contexte de notre esprit fonctionnant sur le mode du potentiel de conscience individualisée; n'ayant pas reconnu la vraie nature de l'esprit, nous accumulons du *karma* par les actes* que nous accomplissons. Nos actes, négatifs ou positifs, sont semblables aux vagues de l'océan. Leur mouvement descendant correspond aux actes qui s'enfouissent dans le potentiel de conscience individualisée; leur mouvement ascendant aux conséquences qui émergent de ce potentiel.

Les deux fruits du dharma

Lorsque nous pratiquons la voie spirituelle, la méditation et la vertu avec application, les voiles* de l'ignorance, des conditionnements latents, des émotions conflictuelles et du *karma* deviennent de moins en moins épais jusqu'à ce qu'ils soient complètement dissipés. Simultanément, toutes les qualités de l'esprit incluses dans le potentiel de conscience primordiale s'épanouissent. C'est l'obtention de l'état de *bouddha*, qui implique l'omniscience. C'est pourquoi le *dharma* qu'enseigna le Bouddha est si extraordinaire.

Le fruit véritable de la pratique du *dharma* est l'obtention de l'état de *bouddha*; elle comprend néanmoins des résultats secondaires excellents, comme renaître avec une existence humaine agréable, ou d'une manière générale, dans les mondes supérieurs.

Techniques particulières

Le plus important dans la pratique c'est l'esprit. C'est pourquoi il faut méditer: tout d'abord pratiquer *chiné**, puis *lhakthong**, enfin le *mahamoudra** ou le *maha-ati**. Le *vajrayana** est un chemin particulièrement rapide pour atteindre l'Eveil. Il doit son efficacité particulière à l'utilisation de techniques spéciales de *chiné* et de *lhakthong* et à la pratique des phases* de création et d'achèvement.

A l'intérieur même de cette voie du *vajrayana*, certaines instructions ne sont transmises que directement par le lama. C'est le cas des techniques spéciales de *chiné*, *lhakthong* et *mahamoudra* que nous étudions en ce moment.

Les Occidentaux sont en général intelligents et cultivés. Ils comprennent facilement le bouddhisme et ils espèrent atteindre rapidement l'état de *bouddha*. Cependant, vivant dans un monde d'activité intense, de travail et de distractions, ils éprouvent des difficultés pour se consacrer exclusivement à la pratique. Un moyen de faire sortir l'eau entrée dans une oreille est de plonger à nouveau l'oreille dans l'eau; l'eau se chasse alors elle-même. De la même manière, la méditation sur les cinq éléments est utilisée pour purifier les cinq éléments, la méditation sur les cinq agrégats* pour purifier les agrégats, la méditation sur les émotions conflictuelles pour purifier les émotions.

Du fait que nous possédons dans notre corps et notre esprit les cinq éléments, il nous est facile de les prendre comme support pour *chiné*. De même, les cinq agrégats sont les constituants de notre existence psycho-physique: ce sont, pour cette raison, des supports commodes pour *lhakthong*. Enfin, étant habités par les différentes émotions conflictuelles, si nous les prenons comme support de méditation du *mahamoudra*, il nous sera facile de nous en libérer. C'est avec l'espoir que ce type de méditation puisse être particulièrement adapté aux Occidentaux que j'ai déjà donné les méditations spéciales de *chiné* et de *lhakthong* lors de mes précédents voyages. Je n'ai pas encore donné la méditation du *mahamoudra* s'appuyant sur des *tiglés** en rapport avec les émotions.

Dissolution des éléments

Pour aborder la méditation de *chiné* lié aux éléments, il est important de comprendre correctement ce qu'ils sont dans l'esprit, dans le corps et dans le monde extérieur. Nous avons vu précédemment leur description; examinons maintenant comment ils interviennent dans le processus de la mort et de la naissance.

Au moment de la mort, les cinq éléments du corps se résorbent les uns dans les autres donnant lieu à différents types d'expériences mentales:

- lorsque l'élément terre se résorbe dans l'élément eau, le mourant a

Le Bouddha Vairocana.

l'impression d'être écrasé par un rocher ou une montagne;
- lorsque l'élément eau se résorbe dans l'élément feu, il pense être emporté par un fleuve ou se noyer dans l'océan;
- lorsque l'élément feu se résorbe dans l'élément air, son lieu d'habitation et l'univers entier semblent s'embraser;
- enfin, lorsque l'élément air se résorbe dans l'élément espace, il éprouve la sensation d'être emporté par le vent.

Sous l'emprise de ces différents phénomènes, l'esprit connaît d'immenses frayeurs. A la fin du processus, le mourant tombe dans un état de totale inconscience, durant trois jours et demi. C'est le signe que les sept consciences se sont résorbées dans le potentiel de conscience individualisée.

Après cette période d'inconscience, les cinq éléments entrent de nouveau en activité et sont projetés sous la forme de lumières de cinq couleurs perçues comme existant extérieurement. Se modifiant à chaque instant, elles s'organisent en globes lumineux, en figures géométriques brillantes, en éclairs, en arcs-en-ciel, ou encore prennent la forme des divinités du *bardo**. Des explications détaillées de ces phénomènes sont consignées dans le *Bardo Theudreul* et d'autres textes[1]. Si nous avons développé la capacité de méditer sur ces manifestations lumineuses, nous serons capables, au moment de la mort, de reconnaître que ce ne sont que des projections de l'esprit. Ultimement, nous pourrons réaliser la nature vide des cinq éléments et comprendre qu'ils sont les cinq aspects féminins des *bouddhas*:
- la terre étant Bouddhalocana,
- l'eau, Mamaki;
- le feu, Pandaravasini;
- l'air, Samayatara;
- l'espace, Vajradhatvesvari.

La plupart des êtres, cependant, manquant cette occasion de libération, perçoivent les expressions lumineuses des éléments comme

---

1 - Les phénomènes accompagnant et suivant la mort sont abordés de manière beaucoup plus développée dans le chapitre consacré aux six *bardos* que contient le volume *Bouddhisme ésotérique*.

Le Bouddha Akshobya.

dotées d'une existence extérieure indépendante. Ils réagissent par la peur et cherchent à y échapper.

Les éléments support de la conception

Au bout de plusieurs semaines de *bardo*, au cours desquelles sont éprouvées beaucoup de souffrances et de nombreuses expériences mentales, les apparences de la naissance future commencent à se manifester, jusqu'à la conception, où nous retrouvons les cinq éléments. Nous avons vu en effet que ceux-ci composent à la fois le corps et le monde extérieur; la communication de l'un à l'autre s'établit lors de l'absorption de nourriture. L'essence de cette nourriture, formée des cinq éléments, passe d'abord dans le sang, puis, par une succession de transformations, dans la chair, dans le tissu adipeux et dans la moelle. L'essence de celle-ci produit les *tiglés* rouges et blancs, c'est-à-dire les principes sexuels masculin et féminin, qui, à leur tour, donnent le rayonnement physique et le bien-être mental. On assiste donc à un septuple processus de raffinement des éléments. Au moment de la conception, l'esprit-souffle du *bardo* s'unit aux supports physiques du père et de la mère, issus de ce processus. Puis, lorsque l'embryon se développe, sa croissance est aussi assurée par les cinq éléments, transmis par le corps de la mère. Enfin, lorsqu'il prend naissance, il perçoit les cinq éléments du monde extérieur, qu'il prend pour réels.

Les cinq agrégats

L'état d'ignorance implique non seulement les cinq éléments comme composants de la personne mais aussi les cinq agrégats*. Le terme agrégat suppose la réunion de plusieurs unités rassemblées dans une même catégorie. Une poignée de riz, par exemple, constitue un agrégat de grains de riz.

Le premier agrégat est celui des formes. Il concerne tous les aspects matériels du monde extérieur — la terre, les rochers, les arbres, etc. — ainsi que notre corps. Notre corps, en effet, est un assemblage d'une multitude de cellules et de particules physiques donnant l'impression d'unité. Quand nous regardons une personne de

Le Bouddha Ratnasambhava.

loin, nous pouvons voir qu'elle a une chevelure blonde, brune ou grise. En nous approchant, nous constatons cependant que cette unité de la chevelure recouvre en fait une multitude de cheveux, qui existent individuellement. De même, notre corps, derrière son unité apparente, n'est en fait qu'un assemblage.

Le deuxième agrégat est celui des sensations, physiques et mentales. Lorsqu'il fait froid, nous avons la sensation d'avoir froid; par une grande chaleur nous avons la sensation d'avoir chaud; nous pouvons ressentir de nombreuses sensations physiques différentes. Mentalement, nous nous sentons heureux ou malheureux, nous jugeons les situations comme agréables ou désagréables. L'ensemble constitue l'agrégat des sensations.

Une métaphore nous fera peut-être mieux comprendre l'enchaînement des agrégats. Notre esprit recouvert par l'ignorance, ne reconnaissant pas sa propre nature constitue le potentiel de conscience individualisée comparable à un océan sans vague. L'apparition du tout premier mouvement de la vague montante correspond à l'agrégat des sensations, que nous venons de voir; une amplitude un peu plus grande représente l'agrégat des perceptions, le troisième agrégat. Puis la vague se forme plus nettement, se précise, de même que se développe plus complètement la complexité du mental: c'est le quatrième agrégat, l'agrégat des volitions. Enfin, les vagues complètes se succédant sont semblables à l'agrégat des consciences*.

Prenons un autre exemple: supposons que le potentiel de conscience individualisée soit semblable à un état d'ignorance dépourvu de tout fonctionnement mental. Dans cet état, nous entrons dans une maison. Nous avons d'abord une simple conscience du lieu, un premier mouvement de conscience de ce qui apparaît: c'est l'agrégat des sensations. Puis, nous voyons qu'il y a du blanc, du bleu, etc.; le fonctionnement mental s'élabore: c'est l'agrégat des perceptions. Enfin, nous reconnaissons l'ensemble des choses et nous portons des jugements: "C'est grand, c'est petit, c'est beau, ce n'est pas beau", ce qui constitue l'agrégat des volitions. Enfin, l'agrégat des consciences assure le fonctionnement global de l'ensemble.

Ces cinq agrégats — formes, sensations, perceptions, volitions, consciences — existent maintenant en nous. Ils fonctionnent cependant sur la base des cinq éléments dont ils procèdent. Pour cette raison, les cinq éléments correspondent aux cinq Bouddhas féminins, les cinq “Mères” qui enfantent, et les cinq agrégats aux cinq Bouddhas masculins.

Un remède au mal des voyages

Sans quitter le niveau impur des cinq éléments et des cinq agrégats pour leur niveau pur, il n’est pas possible de passer de l’état d’être ordinaire à l’état de *bouddha*. Le *vajrayana* utilise des moyens spécifiques, qui, en un instant, opèrent cette transformation. Ce sont les méditations sur les divinités*, union de la manifestation et de la vacuité, semblables à un arc-en-ciel. Ces méditations, la récitation de *mantras* ainsi que les phases d’achèvement, avec support imaginatif ou sans support, comme le *mahamoudra*, sont des méthodes extrêmement profondes. Pour les débutants il est cependant difficile de les pratiquer, si bien qu’elles risquent, pour eux, de rester inefficaces. Lorsqu’on doit parcourir une grande distance, il est très agréable de le faire en avion, en train ou en voiture. Malheureusement, certaines personnes sont malades lorsqu’elles empruntent ces moyens de transport rapides et doivent absorber des médicaments pour supporter le voyage. Ces médicaments sont comparables aux approches progressives que constituent les techniques spéciales de *chiné* et de *lhakthong*.

Cinq agrégats, cinq Bouddhas

Si nous reprenons le cas des cinq agrégats, ils se situent au niveau du fonctionnement impur de l’esprit; au niveau parfaitement pur, ils sont remplacés par les cinq Bouddhas Patriarches*. Quant à la méditation où les agrégats sont représentés sous la forme de *tiglés* de lumière, il s’agit d’un intermédiaire entre le pur et l’impur. Ils sont comme une marche permettant d’accéder au degré parfaitement pur, les cinq Bouddhas Patriarches:
- l’agrégat des formes étant le Bouddha Vairocana,
- l’agrégat des sensations, le Bouddha Ratnasambhava,
- l’agrégat des perceptions, le Bouddha Amitabha,
- l’agrégat des volitions, le Bouddha Amoghasiddhi,
- l’agrégat des consciences, le Bouddha Akshobya.

Gratitude pour nos parents

Pour pratiquer les méditations utilisant les *tiglés* des éléments et des agrégats, il faut idéalement avoir reçu une initiation* du *vajrayana*. Avoir pris les vœux de refuge* peut néanmoins être suffisant.

Dans toutes les pratiques du *dharma*, il est fondamental, au début d'une méditation, de se placer dans le contexte du refuge et de la *bodhichitta** et de faire, à la fin, la dédicace* du mérite et les prières de souhaits, car ce sont des moyens très puissants pour éviter de s'égarer sur des chemins erronés.

Engendrer la *bodhichitta* est particulièrement important. Il est nécessaire pour ce faire de nous remémorer la bonté de nos parents à notre égard. Depuis notre enfance jusqu'à l'âge où nous avons acquis une certaine indépendance, ils se sont continuellement occupés de nous, afin que nous puissions faire de bonnes études, obtenir une belle situation, que nous soyons en bonne santé, etc. Nous avons été pour eux une source permanente de soucis et de travail. Nous devons, prenant conscience de cette immense bonté, éprouver une grande gratitude à leur égard.

Il est dit que tous les êtres du *samsara* ont été nos pères et mères, non pas une, deux ou trois fois, mais un nombre incalculable de fois. Tous ont alors manifesté pour nous cette bonté; nous devons donc pour tous éprouver la même gratitude.

Maugalayayana ne sait pas où est sa mère

Lorsque nous disons "notre père" et "notre mère" des vies passées cela n'implique pas que la personne doive renaître près de nous. Le lieu peut être extrêmement lointain.

Maugalayayana, un des grands disciples du Bouddha Shakyamouni, qui avait atteint l'état d'*arhat**, souhaitait savoir où sa mère décédée avait repris naissance. Son état d'*arhat* lui donnait des pouvoirs supranormaux lui permettant de chercher partout dans les six mondes. Cependant, il avait beau chercher, il ne la trouvait pas. Etonné, il alla voir le Bouddha.

— Pourriez-vous me dire où ma mère a repris naissance? lui demanda-t-il.

— Elle est dans un monde appelé “Rayonnement septentrional”, répondit le Bouddha.

— Comment pouvez-vous le savoir alors que je n’ai pas pu le découvrir moi-même?

— Parce que tu n’es qu’un *arhat* tandis que je suis un *bouddha*; cela implique une certaine différence.

— N’y a-t-il pas quelque chose que je puisse faire pour aider ma mère maintenant qu’elle a repris naissance si loin?

— Pour l’aider il faut aller là-bas. Si tu veux, nous allons utiliser tes pouvoirs pour nous y rendre.

Le disciple accepta et, grâce à ses pouvoirs, le Bouddha et lui parcoururent en sept pas la distance qui les séparait de Rayonnement septentrional. A chaque enjambée, ils franchissaient une galaxie. Arrivés à destination, ils retrouvèrent la mère de Maugalayayana qui avait repris naissance comme femme de ce monde lointain. Mère et fils se reconnurent, s’embrassèrent: ce fut un moment merveilleux. Le Bouddha donna à la mère des enseignements qui lui furent très bénéfiques.

Au moment de repartir, le Bouddha dit à Maugalayayana:

— Pour venir de la Terre jusqu’ici, nous avons utilisé tes pouvoirs; pour retourner sur Terre, que faisons-nous: nous utilisons tes pouvoirs ou les miens?

— Les vôtres, répondit Maugalayayana.

L’immense espace fut alors parcouru en un seul instant, sans qu’ils aient besoin de faire sept pas.

Le pouvoir d’instantanéité

Renaître, près ou loin, père ou mère, dans une situation ou dans une autre par rapport à ceux qui étaient nos proches dans nos vies passées, dépend uniquement du *karma*. Quant au pouvoir d’instantanéité de l’esprit, ce pouvoir que possède le Bouddha pour franchir des distances incalculables en un instant, nous l’avons aussi dans notre esprit. Mais il est entravé par l’ignorance* en raison de laquelle nous n’avons pas le contrôle de notre propre esprit.

Nous pouvons constater dès maintenant la présence en nous de la faculté d’instantanéité. La France possède un train extrêmement rapide, le TGV, qui permet de parcourir de grandes distances en très peu de temps. Notre esprit est bien plus rapide encore: pensons à l'Amérique et apparaissent dans notre imagination, d'un seul coup, des paysages américains; nous y sommes en un instant. Cependant notre très forte identification au corps fait que celui-ci ne peut, maintenant, suivre l'esprit.

Tous les êtres, comme nous l'avons dit, ont été nos pères et mères dans le passé. Tous, sans exception, désirent obtenir le bonheur et souhaitent ne pas être confrontés à la souffrance. Ils ne savent cependant pas quelles voies les conduisent au bonheur, quelles voies les mènent vers la souffrance.

Ainsi, d'innombrables êtres accomplissent-ils des actes négatifs, cause de leur souffrance, l'exact contraire de ce qu'ils désirent. Il est nécessaire que nous développions à l'égard de tous l'amour et la compassion; nous devons chercher à mettre en œuvre de nombreux moyens pour les conduire sur le chemin du bonheur. Nous n'avons pas, à l'heure actuelle, la capacité de les guider véritablement, car il nous manque la liberté de l'esprit. C'est pourquoi, afin d'obtenir cette liberté, nous pratiquons différents types de méditations.

Vajradharaling, 1984

9 - L'esprit

L'emploi du terme esprit risque de porter à une certaine confusion si l'on n'y prend garde. En tibétain comme en français (esprit, conscience, psychisme, psyché, mental, intellect...) de nombreux termes sont utilisés pour apporter les nuances nécessaires lorsque l'on parle d'esprit. Toutefois, le terme *sèm*, rendu par esprit, a une valeur générique, recouvrant un champ sémantique sensiblement plus large que le français, puisqu'il s'étend communément aux notions que la théologie rend par "âme" et la métaphysique par "être". Il faut donc bien voir que le mot esprit se réfère tantôt au domaine psychologique, tantôt au domaine ontologique. Du point de vue bouddhiste, on dirait sans doute que l'on reste dans le premier lorsqu'on envisage le fonctionnement atrophié qu'est l'égo, et que l'on passe au second lorsqu'on regarde l'esprit dans sa pureté originelle, l'esprit illimité, éternel, échappant à tout conditionnement.

Dans l'enseignement retranscrit ici, le lecteur, s'il veut éviter la confusion, doit ne pas perdre de vue cette double acception puisque, avec un seul mot, il est tantôt question de l'appréhension superficielle de l'esprit — celle que nous prenons pour argent comptant — tantôt de son mode d'être, ou de sa vraie nature, qui est à découvrir, bien qu'elle soit là depuis toute éternité, sous-jacente aux multiples fluctuations de l'égo auquel nous nous assimilons faussement.

La nature de l'esprit constituait certainement l'enseignement principal de Kalou Rimpotché, celui sur lequel il revenait sans cesse. C'est pourquoi, développé de manière extensive dans ce chapitre, nous en retrouvons fréquemment des rappels ou des compléments dans d'autres chapitres.

*N*ous avons une certaine notion superficielle de ce qu'est l'esprit. Pour nous, c'est ce qui éprouve le sentiment d'exister, ce qui pense: "C'est moi", "J'existe". C'est encore ce qui est conscient des pensées et ressent les mouvements émotifs, ce qui, selon les circonstances, a le sentiment d'être heureux ou malheureux. En dehors de cela nous ne savons pas ce qu'est véritablement notre esprit. Il est même probable que nous ne nous soyons jamais posé la question.

L'esprit perçoit, non les organes

Il est évident, en premier lieu, que l'esprit n'a pas d'existence matérielle. Il n'est pas un objet dont on pourrait définir la couleur, la taille, le volume ou la forme. Aucune de ces caractéristiques ne lui est applicable. On ne peut montrer l'esprit du doigt en disant: "C'est cela". En ce sens l'esprit est vide. Que l'esprit soit dépourvu de forme, de couleur, etc. n'est cependant pas suffisant pour conclure à sa non-existence, car les pensées, les sentiments, les émotions conflictuelles qu'il ressent et qu'il produit prouvent bien que quelque chose fonctionne et existe, que l'esprit n'est donc pas seulement vide.

Qu'est-ce donc que ce sentiment d'exister? Où se situe-t-il? A l'extérieur, ou bien à l'intérieur du corps? S'il se situe à l'intérieur du corps, qui le ressent? La chair, le sang, les os, les nerfs, les veines, les poumons, le cœur? Si vous réfléchissez attentivement, vous devez admettre qu'aucun membre ni aucun organe ne revendique sa propre existence en disant "je". L'esprit n'est donc pas assimilable à une partie de l'organisme. Prenons l'exemple de l'œil. L'œil ne proclame pas sa propre existence. Il ne se dit pas: "J'existe", ou bien: "Il faut que je regarde telle forme extérieure; celle-ci est belle, celle-ci ne l'est pas; je m'attache à la première et je repousse la seconde." L'œil lui-même n'a aucune volonté, n'éprouve aucun sentiment, ni attachement, ni aversion. C'est l'esprit qui a le sentiment d'exister, qui perçoit, juge, s'attache ou repousse. Il en va de même pour l'oreille et les sons, le nez et les odeurs, la langue et les saveurs, la peau et les contacts, l'organe mental et les phénomènes. Ce ne sont pas les organes qui perçoivent, mais l'esprit.

La voiture a besoin d'un conducteur

Les organes, inconscients par nature, ne sont pas l'esprit, mais plutôt comme une maison dans laquelle on habite. Les habitants sont ce qu'on appelle les consciences:
- conscience visuelle,
- conscience auditive,
- conscience olfactive,
- conscience gustative,
- conscience tactile,
- conscience mentale.

Ces consciences elles-mêmes n'existent pas de manière autonome. Elles ne sont autres que l'esprit.

On peut dire encore que le corps est semblable à une voiture et l'esprit au conducteur. Lorsque la voiture est inoccupée, elle a beau avoir tous les éléments pour rouler — le moteur, les roues, l'essence, etc. — et se trouver en parfait état de marche, elle ne peut aller nulle part. De même, un corps dépourvu d'esprit, même s'il possède la totalité des organes, n'est qu'un cadavre. Il a beau avoir des yeux, des oreilles, un nez, il ne peut voir, ni entendre, ni sentir.

Certains penseront que la mort est non seulement celle du corps, mais aussi celle de l'esprit: le premier devient cadavre, le second cesse simplement d'exister. Mais ce n'est pas le cas. L'esprit ne naît pas, ne meurt pas, n'est pas atteint par la maladie. Il est éternel. Ce qui perçoit les formes regardées par l'œil, les sons entendus par l'oreille et les autres objets au travers des autres organes des sens, ce qui est conscient, ce qui n'est pas interrompu par la mort du corps, c'est donc l'esprit. Reste à en définir la nature vraie. Etant donné, nous l'avons vu, qu'il est dénué de toute caractéristique matérielle, il n'est pas possible de le désigner comme une chose visible et facilement reconnaissable du simple fait qu'on nous la montrerait.

Chacun ayant un esprit, chacun doit, en fait, se référer à soi-même et, guidé par un maître, procéder à une investigation qui le mène jusqu'à la découverte de ce qu'il est véritablement. A-t-il une forme, une couleur, un volume? Est-il situé à l'extérieur ou à l'intérieur du corps? Ce sont des questions auxquelles il faut trouver une réponse vérifiée par expérience, même si l'on a au préalable reçu des explications théoriques comme celles qui sont données maintenant.

Ecoute, réflexion, méditation

La pratique du *dharma** comprend toujours trois étapes, nommées écoute, réflexion et méditation.

- L'écoute, c'est recevoir des enseignements théoriques et des instructions. Son corollaire indispensable est de se rappeler fidèlement ce qui a été dit ou lu.

- La réflexion consiste à procéder à un examen discursif des données que l'on a reçues ou bien à une investigation pour tenter de répondre à des interrogations posées. Dans le cas présent, par exemple, on recherche la forme et la couleur de l'esprit, sa localisation, son degré d'existence, etc.

- La méditation prend place une fois que l'on est arrivé à des conclusions certaines par la réflexion. Elle doit être non-discursive et sans discontinuité.

Ces trois étapes constituent une succession obligatoire. Ce qui est exposé ici appartient à la phase de l'écoute. Il est nécessaire de le retenir avant d'aborder les étapes suivantes.

Pour décrire l'esprit[1] on envisage trois aspects:
- son essence: vacuité;
- sa nature: clarté;
- son mode de fonctionnement: intelligence.

Vacuité

L'essence de l'esprit est d'être vide. Ce qui signifie, comme il a déjà été dit, qu'il n'a aucune existence matérielle. Il n'a pas de forme, pas de couleur, pas de volume, pas de taille. Il est impalpable et invisible, semblable à l'espace.

Clarté

L'esprit n'est toutefois pas semblable à un espace obscur que n'éclaireraient ni le soleil ni la lune ni les étoiles, mais plutôt à l'espace diurne ou bien à l'espace d'une pièce éclairée. C'est une comparaison, et elle n'est qu'approximative. Elle signifie que l'esprit possède un certain pouvoir de connaître. Ce n'est pas la connaissance elle-même, mais l'éclairage, la faculté consciente, qui la rend possible. Ce pouvoir, comprend, de plus, la faculté de produire la manifestation. Lorsque vous pensez à l'Amérique ou à l'Inde, votre esprit a la possibilité d'en faire naître l'image intérieure. Ce pouvoir de connaître et la faculté d'évoquer sont la clarté de l'esprit. Grâce à la lumière, vous pouvez voir les objets dans la pièce où vous vous trouvez, être conscients de leur présence. Grâce à la clarté, l'esprit a, de même, la faculté de connaître.

Taïpei, 30 avril 1986

1 - Au sens ontologique.

Ce qu'on entend par la clarté de l'esprit est légèrement différent de la clarté au sens ordinaire. Celle-ci, en effet, permet l'exercice de la fonction visuelle uniquement, tandis que la clarté de l'esprit donne la possibilité non seulement de voir, mais aussi d'entendre, de sentir, de goûter, de toucher et d'être conscient des plaisirs ou des déplaisirs du mental. C'est donc une clarté dont le champ d'application est extrêmement vaste.

Samyé-ling, mars 1983

Intelligence sans obstruction

La pièce où vous êtes assis contient vacuité (l'espace de la pièce) et clarté (l'éclairage). Ce n'est pourtant pas suffisant pour lui attribuer un esprit. On doit donc trouver un troisième élément de description. Pour qu'il y ait esprit, à la vacuité et à la clarté il faut ajouter l'intelligence[1] sans obstruction. Cette intelligence est ce qui permet de connaître effectivement chaque chose sans confusion. Non seulement l'esprit est conscient des phénomènes, ce qui est sa clarté, mais il les reconnaît sans confusion, ce qui est l'intelligence. Dans le spectacle de ce qu'il voit, par exemple, il sait ce qu'est le ciel, ce qu'est une maison, ce qu'est un homme, etc.

Taïpei, 30 avril 1986

Sur le support de la vacuité et de la clarté prend place l'intelligence sans obstruction. C'est la faculté qui identifie, évalue, comprend. Ce qui dit par exemple: "Ceci est un objet; il est beau ou il est laid", identification s'appliquant aussi bien aux sons, dont sont perçues la puissance et la qualité, aux odeurs agréables ou repoussantes, aux saveurs dont sont reconnues les différentes nuances, aux expériences mentales plaisantes ou déplaisantes.

Samyé-Ling, mars 1983

L'esprit est ainsi conjointement vacuité, clarté et intelligence.

Un tel esprit est-il petit? Non, puisqu'il a la faculté de faire apparaître et d'embrasser tout l'univers. Alors, est-il grand? On ne peut

1 - Intelligence (sct. vidya, tib. rikpa) n'est pas ici à prendre comme antonyme de stupidité, mais au sens de faculté intellective, faculté de comprendre et de connaître.

l'affirmer davantage, puisque, si nous avons une douleur très localisée, à un endroit du corps très précis, suscitée disons par une piqûre, nous assimilons notre esprit à cet endroit minuscule en disant: "J'ai mal". Chacun s'identifie à son corps et l'esprit le pénètre tout entier: sur une vaste échelle pour un éléphant, sur une toute petite échelle pour un insecte. En fait, l'esprit lui-même, en dehors de toute assimilation, n'est ni petit ni grand. Il échappe à ce genre de concepts.

Cet esprit fondamental est le même pour tous les êtres. Si l'on en reconnaît le mode d'être, dans ce cas il n'est autre que l'Eveil:
- la vacuité est le corps* absolu (sct. *dharmakaya*);
- la clarté est le corps de gloire (sct. *sambhogakaya*);
- l'intelligence le corps de manifestation (sct. *nirmanakaya*).

Taïpei, 30 avril 1986

L'unité des trois composants — vacuité, clarté et intelligence — est ce qu'on appelle "esprit". C'est encore ce qu'on appelle le *tathagatagarbha**, le potentiel de l'Eveil. Lorsque les trois composants ne sont pas reconnus pour ce qu'ils sont, c'est l'état d'être ordinaire.
- La vacuité s'exprime alors en tant que mental,
- la clarté en tant que parole,
- l'intelligence sans obstruction en tant que corps.

Les trois composants de l'esprit pur se figent dans les trois composants de la personnalité ordinaire. Par la méditation du *mahamoudra**, la nature vraie de l'esprit est reconnue et les trois composants s'avèrent être les trois corps* de l'Eveil. En vérité, un *bouddha* et un être ordinaire sont identiques. Ils possèdent fondamentalement la même nature. La reconnaître c'est être *bouddha*, ne pas la reconnaître c'est être un être ordinaire. C'est la seule différence.

Taïpei, 13 avril 1986

Il serait très long d'examiner en détail toutes les implications de la nature de l'esprit, du cycle des existences et de la libération. Une manière de les résumer est de reprendre une parole de Gampopa*:

L 'esprit sans création artificielle, c' est le bonheur.
L 'eau sans pollution est pure.

Le Bouddha Amitabha.

Lorsqu'on laisse l'esprit demeurer tel quel en sa propre nature, vient le bonheur intérieur. L'eau laissée au repos est lisse et pure. L'esprit agité par beaucoup de pensées devient trouble; dégagé d'une surabondance de pensées, il garde sa limpidité propre. Notre esprit, en tant que vacuité, clarté et intelligence, est parfaitement bon en lui-même, naturellement libre de souffrances. Mais nous ne le reconnaissons pas. Nous pensons: "C'est moi", et nous nous lions nous-mêmes avec la corde de l'égo, pensant dès lors: "Il faut que je sois heureux, il faut que j'évite tout ce qui est désagréable". Coincé dans cette attitude, l'esprit devient comme recroquevillé et crée sa propre souffrance.

Taïpei, 13 avril 1986

Les quatre voiles

Bien que possédant le *tathagatagarbha*, bien qu'étant *bouddha* par nature, d'où vient que nous n'en expérimentons aucune des qualités mais que nous sommes affectés de toutes les limitations d'un être ordinaire? Ceci est le fait des "voiles". Quand sont apparus ces voiles? Ils n'ont en fait pas d'origine, ils recouvrent l'esprit depuis que celui-ci existe, autrement dit depuis toujours.

Samyé-Ling, mars 1983

Le voile de l'ignorance

L'esprit fondamental est encore appelé le "potentiel du départ en la félicité[1]." Il appartient à tous les êtres. Ne pas le reconnaître est l'ignorance et constitue le principal voile qui recouvre l'esprit. Nos yeux nous permettent clairement de voir tous les objets extérieurs; ils ne peuvent pourtant voir notre visage ni se voir eux-mêmes. De la même manière, l'esprit ne se voit pas lui-même, ne se reconnaît pas pour ce qu'il est. C'est ce fait qu'on appelle le voile de l'ignorance.

Le voile des conditionnements latents

La première conséquence de l'ignorance est la dualité. Là où il n'y a que vacuité, l'esprit conçoit faussement un moi, centre de toute

1 - Sct. *sougatagarbha*: expression synonyme de *tathagatagarbha*, "potentiel de l'Eveil". Elle est tirée de l'une des appellations du Bouddha (l'être Eveillé): "Celui qui est parti en la félicité" (sct. *Sougata*).

Le Bouddha Amoghasiddhi.

expérience. Là où il n'y a que clarté, il conçoit des objets perçus comme autres. Ce phénomène se comprend plus aisément si nous nous référons au rêve. Ne décelant pas la vraie nature du monde onirique, nous le scindons en deux: un sujet auquel nous nous assimilons, et des objets qui constituent un univers extérieur. En fait, les deux ne sont autres que l'esprit. Toute notre expérience fonctionne sur ce même mode. Divisant l'esprit unique en deux, nous vivons dans l'univers de la dualité sujet-objet. C'est le second voile, dit des conditionnements latents[1].

Le voile des émotions conflictuelles

De la notion de moi procède nécessairement l'espoir d'obtenir ce qui est agréable et conforte le moi dans son existence ainsi que la crainte de ne pas obtenir ce que l'on désire et de vivre des situations menaçantes. Sur le pôle *moi* se greffent ainsi l'espoir et la crainte. L'autre pôle de la dualité, la notion d'*autre*, englobe tous les objets des sens: formes, sons, odeurs, saveurs, contacts ou objets mentaux. Tout objet perçu comme agréable crée la joie et tout objet perçu comme désagréable le mécontentement, sentiments qui se transforment en attachement et en aversion. De la dualité moi-autre se dégagent donc l'espoir et la crainte ainsi que l'attachement et l'aversion. Ils ne viennent en fait de nulle part ailleurs que de la vacuité de l'esprit et n'ont donc aucune existence matérielle ni aucune entité propre. Ne le reconnaissant pas, pas plus que nous ne reconnaissons la véritable nature des phénomènes, nous leur accordons une réalité indue; c'est ce que l'on nomme l'aveuglement ou encore l'opacité mentale.

On arrive ainsi à un groupe de trois émotions conflictuelles* de base: attachement, aversion et aveuglement, d'où en procèdent trois autres:

---

1 - Les conditionnements latents (sct. *vasanas*; tib. *baktchak*) sont extrêmement nombreux; créés par le *karma*, modelant les couches les plus profondes de la conscience, ils façonnent non seulement notre mode de perception, d'interprétation et de réaction, mais aussi la catégorie d'existence que nous expérimentons. Ceci à différents niveaux: nos petites habitudes en font déjà partie, *a fortiori* nos instincts; nos rêves en sont l'expression, ainsi que le type d'existence que nous avons pris, assorti des tendances congénitales qui lui sont propres. Toutefois, le tout premier de ces conditionnements, celui qui affecte la totalité des êtres ordinaires, aussi bien les hommes que les animaux, c'est la propension à interpréter toute expérience en termes duels: sujet-objet.

- de l'attachement la cupidité,
- de l'aversion la jalousie,
- de l'opacité mentale l'orgueil.

Ceci donne six émotions conflictuelles principales. On envisage toutefois que les trois émotions conflictuelles de base peuvent se subdiviser de bien des manières. On attribue ainsi à l'attachement vingt et un mille ramifications en rapport avec le type d'objets auxquels il s'applique: attachement à une personne, à une maison, à un véhicule, etc. On dénombre de la même manière vingt et un mille variantes de l'aversion et de l'aveuglement, ainsi que vingt et un mille émotions conflictuelles composées d'un mélange des trois précédentes. On obtient un total traditionnel de quatre-vingt-quatre mille émotions conflictuelles. Notre esprit est ainsi habité d'une multitude d'émotions conflictuelles, qui constituent un voile supplémentaire.

Le voile du karma

Sous l'emprise des émotions conflictuelles, nous accomplissons toutes sortes d'actes négatifs par le corps, la parole et l'esprit, qui forment le voile du *karma**.

Nous avons donc ainsi quatre voiles qui s'engendrent successivement:
- le voile de l'ignorance: l'esprit ne se reconnaissant pas lui-même;
- le voile des conditionnements latents: la dualité, autrement dit la scission entre moi et autre;
- le voile des émotions conflictuelles: les quatre-vingt-quatre mille perturbations issues de la dualité;
- le voile du *karma*: les actes négatifs accomplis sous le pouvoir des émotions conflictuelles.

Pureté et épanouissement

L'esprit recouvert par ces voiles, nous sommes des êtres ordinaires. Les *bouddhas* et les *bodhisattvas* du passé étaient aussi, à l'origine, des êtres ordinaires. Ils ont suivi des maîtres spirituels dont ils ont reçu des instructions sur la nature de l'esprit, ils ont médité et ils ont réalisé le *mahamoudra*. S'étant défaits des quatre voiles, ils sont devenus purs et toutes les qualités inhérentes à l'esprit se sont épanouies. En tibétain, pur se dit *sang*, épanoui se dit *gyé*. La conjonction des deux syllabes donne le mot signifiant *bouddha*: *sang-gyé*, pureté et épanouissement. C'est une voie qui nous est ouverte: nous pouvons recevoir des instructions, méditer et obtenir la réalisation du *mahamoudra*, c'est-à-dire l'Eveil. A l'instar de Milarépa*, il nous est possible de parcourir le chemin en une seule vie.

Taïpei, 30 avril 1986

Signes de la vacuité

Celui qui réalise la vraie nature de l'esprit comprend en même temps que tous les phénomènes, les choses et les êtres, les univers et tous ceux qui les peuplent, ne sont autres qu'une production de l'esprit, vide en essence.

Un certain nombre de signes nous indiquent la vacuité de l'esprit et l'absence d'entité propre des phénomènes, mais nous n'y prêtons généralement pas attention.

Au moment de la conception, lorsque l'esprit entre dans le ventre de la mère, les parents ne peuvent le voir. Aucun effet matériellement perceptible ne permet de déceler sa venue.

Au moment de la mort, de la même manière, même si le mourant est entouré de nombreuses personnes, nul ne voit l'esprit sortir du corps. Nul ne pourrait dire: “Il est parti par ici”, ou bien: “Il est parti par là”.

Peut-être avez-vous étudié de très nombreuses années et emmagasiné un grand nombre de connaissances. Elles ne sont pourtant ni dans une armoire, ni dans une maison, ni dans votre poitrine. Elles ne sont nulle part, car dépourvues d'existence en soi. Elles sont emmagasinées dans la vacuité.

La nuit, endormis, nous rêvons et nous apparaît tout un monde, avec des paysages, des villes, des hommes, des animaux, et tous les objets des sens, sur lesquels se greffe un mouvement émotionnel fait de désir, d'aversion, etc. Au cours même du rêve, nous sommes persuadés de l'existence réelle de tous les phénomènes oniriques. Pourtant, une fois que nous sommes éveillés, ils ont disparu. Ils n'existent nulle part en dehors de l'esprit du rêveur.

C'est le même processus qui se déroule durant le *bardo** du devenir. Formes, sons, odeurs, saveurs, etc. sont perçus comme réels. Les apparences manifestées lors de la vie qui s'est achevée n'ont alors plus d'existence. Puis, quand l'esprit entre à nouveau dans une matrice, ce sont alors les apparences du *bardo* qui s'évanouissent et n'existent plus nulle part.

Trois supports d'existence

La veille, le rêve, le *bardo* n'ont en fait pas de réalité en soi; ce ne sont que des manifestations de l'esprit auxquelles nous accordons, à tort, une entité propre. Ces trois états sont décrits comme trois corps:
- Le "corps de maturité karmique" désigne le corps et l'environnement perçus lors de l'état de veille, qui sont le résultat, après un long processus de maturation, de *karmas* accumulés dans les vies passées.
- Le "corps des conditionnements latents" se réfère au corps et à l'environnement du rêve.
- Le "corps mental", enfin, nomme le corps et l'expérience du *bardo*, régis par la seule pensée.

Par la succession continue de ces trois corps se déroule toute notre expérience dans le cycle des existences, faussement pris pour réel.

Taïchoung, 24 mars 1986

Conscience primordiale, conscience individualisée

Le fondement de l'esprit est bon en lui-même. C'est la nature de l'Eveil, semblable à une eau pure. Il a été dit par le Bouddha:

Tous les êtres sont Bouddha,
Mais leur esprit est obscurci d'impuretés adventices;
Les impuretés dissipées, ils sont vraiment Bouddha.

Ne pas reconnaître la nature Eveillée de l'esprit est l'ignorance. De là procèdent toutes les émotions conflictuelles (désir, colère, jalousie, etc.) ainsi que le flot des pensées en mode duel. La nature de *bouddha* de l'esprit est encore nommée potentiel de conscience primordiale.

Cependant, en raison de l'ignorance et de la saisie duelle, son fonctionnement entravé devient un potentiel de conscience individualisée[1]. Lorsqu'une eau pure se trouve mêlée de boue, elle perd sa qualité d'eau pure pour devenir une eau souillée. De la même manière, du fait des impuretés, la conscience primordiale devient conscience individualisée.

Consciences différenciées

Cette conscience individualisée est, en tant que mode de fonctionnement, une unité, désignée par le terme de "potentiel de conscience individualisée". De cette unité procèdent cependant sept consciences individualisées différenciées, tout comme les doigts sont des différenciations d'une main unique. Ce sont:
- la conscience visuelle, qui perçoit les formes,
- la conscience auditive, qui perçoit les sons,
- la conscience olfactive, qui perçoit les odeurs,
- la conscience gustative, qui perçoit les saveurs,
- la conscience tactile, qui perçoit les contacts,

---

1 - La décomposition des termes tibétains traduits par *potentiel de conscience primordiale* et *potentiel de conscience individualisée* permettra peut-être de mieux saisir les nuances:
- *Potentiel*, en premier lieu, rend le tibétain *kunchi*, qui signifie littéralement "fondement de tout", expression choisie par les traducteurs tibétains pour rendre le sanscrit *alaya* voulant dire réservoir.
- *Conscience primordiale* et *conscience individualisée*, en second lieu, rendent respectivement les termes *yéché* et *namché*. Dans chacun de ces mots, la seconde syllabe, *ché*, signifie *connaître, être conscient de*. Elle se réfère, du point de vue de son fonctionnement, à la nature de l'esprit, qui, tant pour un *bouddha* que pour un être ordinaire, est conscience. C'est le préfixe qui indique la différence: *yé-* signifie *primordial* alors que *nam-* indique une idée de *séparation* et se réfère ici à la dualité sujet-objet. Pour une seule fonction, la conscience, on a donc deux modes de fonctionnement:
- le fonctionnement pur, libre de tout voile, c'est la conscience primordiale,
- le fonctionnement impur, entravé par le schisme duel, c'est la conscience dichotomique, ordinaire ou individualisée.

Le tibétain, sur ce point, s'est voulu plus explicite que le sanscrit qui se contentait de dire *jnana* et *vijnana*. Le premier terme signifie simplement conscience, sans autre précision, le second, avec l'adjonction du préfixe *vi-* signifiant, comme en tibétain, conscience individualisée. Accolant un préfixe au premier terme, les traducteurs tibétains, écartant tout risque de faux sens, ont souligné le sens profond des mots. Enfin, pour éviter toute ambiguïté, rappelons que le potentiel de conscience individualisée n'est pas un inconscient collectif, mais le potentiel propre de chaque individu, contenant les empreintes karmiques accumulées par lui et qui mûriront pour lui seul.

- la conscience mentale, qui identifie les phénomènes par la pensée,
- la conscience perturbée, qui interprète la perception en termes de désir, d'aversion, de jalousie, etc.

Les organes issus des consciences

De la faculté de manifestation de l'esprit apparaît le corps. Les deux sont donc étroitement liés. L'existence des huit consciences dans l'esprit provoque dans le corps l'existence des supports physiques correspondants que sont les organes des sens. Les organes sont semblables à des maisons, inertes en soi, et les consciences aux hommes qui les habitent. On a donc:

- les yeux comme support de la conscience visuelle,
- les oreilles comme support de la conscience auditive,
- le nez comme support de la conscience olfactive,
- la langue et le palais comme supports de la conscience gustative,
- la peau comme support de la conscience tactile,
- l'organe mental comme support de la conscience mentale, bien qu'ici l'organe et la conscience se confondent en pratique.

Quant au potentiel de conscience individualisée et à la conscience perturbée, elles n'ont pas d'organe correspondant qui leur soit propre. On peut dire que le premier a pour support le corps en général et la seconde l'ensemble des organes des sens.

Les objets des sens

Enfin, les consciences trouvent leur reflet, du point de vue extérieur, dans les objets des sens:

- les formes sont l'objet de la conscience visuelle,
- les sons, l'objet de la conscience auditive,
- les odeurs, l'objet de la conscience olfactive,
- les saveurs, l'objet de la conscience gustative,
- les contacts, l'objet de la conscience tactile,
- les phénomènes mentaux (les pensées), l'objet de la conscience mentale.

L'ensemble des phénomènes extérieurs peuvent aussi être regardés comme objets du potentiel de conscience individualisée et les phénomènes en tant qu'objets des émotions conflictuelles comme reflets extérieurs de la conscience perturbée.

Lorsque l'esprit est obscurci par l'ignorance son mode de fonctionnement et de relation au monde est ainsi régi par un processus à triple niveau:

- intérieurement: les consciences individualisées;
- au niveau intermédiaire: les organes des sens;
- extérieurement: les objets des sens.

Taïchoung, 28 mars 1986

10 - Le mahamoudra 1

Etymologie

Le *mahamoudra** et le *maha-ati**, qui sont comme deux appellations pour une même chose, sont les principaux moyens d'atteindre l'Eveil.

Celui qui a une expérience intérieure profonde du *mahamoudra* peut adopter des styles de vie très variés sans que cela nuise à sa méditation. Des *mahasiddhas** de l'Inde, comme Tilopa ou Naropa, poursuivaient une activité extérieure, ordinaire ou étrange, tout en méditant sans interruption. Milarépa, quant à lui, choisit d'abandonner toute activité temporelle pour se consacrer exclusivement à la méditation dans la solitude. Quant à Gampopa, son principal disciple, ainsi que le premier Karmapa, Tusoum Khyènpa, disciple de ce dernier, ils optèrent pour la vie de moine. Tous, malgré la diversité de leurs genres de vie, obtinrent la libération.

Le mot tibétain pour *mahamoudra* est *tcha-gya-tchènpo*, dont le sens profond apparaît de l'explication donnée à chacune des parties:

— *tcha*, qui veut dire geste, ou symbole, désigne ici la conscience primordiale vide et signifie que le mode d'être de l'esprit tout autant que l'aspect manifesté qui procède de sa faculté créatrice, sont tous deux vides en essence.

— *gya*, qui signifie vaste, indique que rien n'existe au-delà de cette conscience primordiale vide. Lorsqu'on a réalisé ce qu'est la vacuité, on comprend qu'il n'est aucun phénomène du cycle des existences ou du nirvana (l'état de libération) qui échappe à cette vacuité, rien qui soit au-delà de cette conscience vide.

— *tchènpo*, qui veut dire grand, se réfère au fait que cette réalisation est la plus haute qui soit. Dans le *mahamoudra* sont achevés tous les enseignements du Bouddha, c'est pourquoi on l'appelle aussi *maha-ati*, ce qui signifie grand achèvement.

Taïpei, 13 avril 1986

Degrés de maturité

Il existe, en fait, deux types de *mahamoudra*, celui des *soutras** et celui des *tantras**. Ils se différencient légèrement du point de vue de la présentation et de la méthode de méditation, mais se rejoignent dans la même réalisation finale.

A strictement parler, le *mahamoudra* est très facile, car ce n'est rien d'autre que reconnaître son propre esprit et demeurer dans cet état sans en être distrait. Toutefois, selon leurs capacités effectives à comprendre la nature de leur esprit, les êtres sont classés en trois catégories:

— Les êtres de capacités supérieures sont ceux qui héritent de leurs vies passées d'un bagage spirituel important: ils se sont préparés par un profond travail de purification* et d'accumulation de mérite*; ils y ont aussi cultivé une grande familiarité avec la méditation. Ils ont naturellement une grande foi dans le *dharma* et les Trois Joyaux, beaucoup de compassion, la faculté de comprendre aisément le *dharma*, ainsi qu'une grande diligence.

— Les êtres de capacités moyennes, autrement dit dont l'acquis des vies passées est moyen, portent un certain intérêt au *dharma*, mais ne peuvent en comprendre toutes les implications que progressivement et par de nombreux biais. Le *mahamoudra* des *soutras* est la voie qui leur convient le mieux.

— Les êtres de capacités inférieures, dont l'acquis est faible, ont peu d'intelligence spirituelle. Il leur est très difficile de comprendre et de mettre en pratique les instructions sur la nature de l'esprit. Il leur est tout particulièrement nécessaire de se préparer en accomplissant des exercices de purification et d'accumulation[1].

---

1 - Cette classification est propre à l'approche du *mahamoudra*. Elle ne recouvre pas la répartition générale des êtres humains dans les trois mêmes catégories (inférieure, moyenne, supérieure) que nous avons vue précédemment.

Cette triple division donne un aperçu général de l'état spirituel des êtres. Une approche plus détaillée divise à nouveau la catégorie des êtres supérieurs en trois classes:
- supérieure supérieure,
- supérieure moyenne,
- supérieure inférieure.

Dans ce second système de classification, les êtres de capacités inférieures et moyennes désignent ceux dont l'approche du mode d'être de l'esprit ne peut être immédiate. Ils ont d'abord besoin de se préparer en pratiquant, dans le cadre du *vajrayana*, la phase* de création et la phase d'achèvement avec symboles. Par contre, les êtres aux facultés "supérieurement supérieures" n'ont besoin d'aucune phase préparatoire: dès qu'ils reçoivent des instructions sur la nature de l'esprit ils en comprennent pleinement le sens et peuvent les appliquer aussitôt. Ils forment une catégorie d'individus extrêmement rares; on ne peut les dire inexistants, mais on ne peut aller au-delà de quelques-uns.

Taïpei 30 avril 1986

Comment Milarépa ne comprit pas le maha-ati

On a parfois une compréhension fausse du *vajrayana* en général et plus encore du *mahamoudra*. On croit qu'une certaine connaissance théorique accompagnée d'un semblant de pratique sont suffisants. Une pratique authentique est bien sûr indispensable. Milarépa lui-même, au début de sa carrière spirituelle, tomba sous le coup de cette erreur. Il avait dû, dans son enfance, affronter de nombreuses adversités, sa famille ayant été spoliée et réduite à une quasi servitude. Pour se venger, et suivant les conseils de sa mère, il avait eu recours à la magie noire, grâce à laquelle il avait tué plusieurs personnes en faisant s'écrouler une maison, puis de nombreux animaux, sous l'effet d'une violente grêle provoquée dans le dessein de détruire les récoltes. Cependant, il avait été rapidement possédé par le remords et la peur de renaître en enfer*. Il alla donc trouver un lama, nommé Lhaga, et se présenta ainsi:

— J'ai commis des actes négatifs extrêmement graves. A moins d'atteindre l'Eveil en cette vie, il est certain que je renaîtrai en enfer.

Milarépa.

Je vous en prie, donnez-moi des instructions qui me permettront d'atteindre rapidement l'Eveil.

— Je te les donnerai, répondit le lama. Tes fautes sont graves, mais sois sans crainte, car je possède les instructions du *maha-ati* et te les transmettrai. La force du *maha-ati* est telle que si on le pratique le jour on devient *bouddha* le jour, si on le pratique la nuit, on devient *bouddha* la nuit. Du moment que l'on a un bon fond karmique, on obtient l'Eveil sans même avoir besoin de méditer. Telle est la profondeur de ces instructions.

Milarépa reçut les instructions; il en fut soulagé et fort content. "J'ai certainement ce bon fond karmique dont le lama a parlé, pensa-t-il. Autrement, je n'aurais certes pas rencontré un tel maître et obtenu de si profonds enseignements. Je n'ai pas même besoin de méditer!" Et il resta sans rien faire.

Désireux de jauger les progrès de son nouveau disciple, le lama le fit bientôt venir chez lui. Il ne lui fallut pas longtemps pour comprendre que Milarépa s'était fourvoyé. "Je me suis trompé à ton sujet, fut-il contraint de constater. Mes enseignements ne sont pas faits pour toi et je ne peux rien faire pour t'aider. Tu avais raison: tes fautes sont extrêmement graves. Toutefois, ne désespère pas. Dans la région des Falaises du Sud, vit Marpa le Traducteur. Il détient des enseignements secrets et profonds et pourra te donner des instructions capables de te mener à l'Eveil en cette vie".

Milarépa se rendit donc chez Marpa. Celui-ci comprit que, pour purifier Milarépa de ses méfaits, il était tout d'abord nécessaire de lui imposer de dures épreuves. Après quoi seulement, il lui donna des instructions sur la pratique des six *dharmas** de Naropa et sur le *mahamoudra*. Milarépa se retira alors dans une petite grotte derrière la maison de Marpa, puis dans d'autres grottes et ermitages. Après de nombreuses années de méditation, il obtint l'Eveil.

Taïpei, 13 avril 1986

Il n'est pas possible de pratiquer le *mahamoudra* sans connaître ce qu'est l'esprit*. Cette connaissance n'était pas, normalement, une simple acquisition théorique reçue d'un maître, mais une découverte intérieure procédant d'une approche graduelle. Le disciple devait tout d'abord pratiquer des exercices de pacification mentale (tib. *chiné*; sct. *samatha*), puis le maître l'introduisait à la connaissance de l'esprit en lui faisant suivre différents modes d'investigations, suivant le plus souvent deux schémas types:

— d'où vient une pensée? où demeure-t-elle? où s'en va-t-elle?

— qu'est-ce que l'esprit au repos? qu'est-ce que l'esprit en mouvement ? qu'est-ce que l'esprit reconnaissant le repos et le mouvement?

Lorsque la mer est calme et lisse, on peut voir s'y refléter le soleil, la lune et les étoiles, alors que le vent et les vagues empêchent de voir quoi que ce soit. L'esprit est habituellement agité par une foule de pensées et d'émotions conflictuelles, c'est pourquoi on ne peut voir sa vraie nature. Il est nécessaire d'en dissiper l'agitation en pratiquant tout d'abord la pacification mentale. Après quoi seulement, on peut découvrir sa véritable nature au moyen de l'investigation, nommée techniquement la vision supérieure (tib. *lhakthong*; sct. *vipasyana*) dont le terme débouche naturellement sur le *mahamoudra*.

Cette approche progressive était possible dans un contexte traditionnel; elle ne l'est plus toujours aujourd'hui. C'est pourquoi il est parfois nécessaire de donner dès le départ un aperçu théorique de la nature de l'esprit.

Taïpei, 13 avril 1986

Réaliser le *mahamoudra* implique que l'on médite. Pour rendre la méditation fructueuse, il existe deux supports fondamentaux, auxquels se réfère le Bouddha lorsqu'il dit que la réalisation de la conscience primordiale inhérente dépend d'une part de l'accumulation et de la purification, d'autre part de la grâce* du lama. C'est par l'accumulation-purification et par la foi et la dévotion que peut naître une réalisation rapide.

Taïpei, 30 avril 1986

11 - Le mahamoudra 2

*N*ous devons aujourd'hui parler du *mahamoudra**. Le *mahamoudra* implique l'absence d'objet vers lequel diriger une méditation. Du fait de cette absence d'objet, ce type de méditation peut être considéré comme très facile... ou bien comme très difficile.

Pour aborder le *dharma**, il est essentiel de comprendre ce qu'est la nature de l'esprit, ce qu'on entend par être ordinaire, ce qu'on entend par *bouddha**, ce que sont les chemins* et les terres* de la réalisation. En particulier, sans avoir perçu ce qu'est la nature de l'esprit*, il est pratiquement impossible de comprendre et de mettre en pratique le *mahamoudra*.

Qu'est-ce que l'esprit ?

Tous les êtres ont un esprit. De quelle manière appréhendons-nous cet esprit? Nous le concevons en termes de "moi", de "c'est moi". Au-delà de cette puissante identification, nous ne savons cependant pas ce qu'est la nature de l'esprit.

Que recouvre donc ce mot: "esprit"?

Esprit signifie ce qui a la faculté de penser, de connaître, d'éprouver et de ressentir.

Cependant, du fait que l'esprit ne se reconnaît pas lui-même, qu'il ne reconnaît pas sa véritable nature, nous pensons: "J'ai un esprit" et le concevons comme un objet limité, existant en tant que chose. A partir de là, nous pensons aussi que le monde est permanent alors qu'il est transitoire, qu'il est réel alors qu'il est illusoire, qu'il est bonheur alors qu'il est support de souffrance. Nous pensons que le monde est permanent, réel et heureux.

Approche progressive

La méditation qui nous introduit à la nature véritable de l'esprit se pratique traditionnellement sous la conduite d'un lama*, qui, tout d'abord, demande au disciple d'examiner par lui-même ce qu'il en est. Ce qu'on appelle esprit, c'est-à-dire ce qui pense et connaît, ce qui éprouve bonheur et souffrance, est-ce à l'extérieur du corps, est-ce à l'intérieur, ou quelque part entre les deux? L'esprit a-t-il une forme et quelle est cette forme? Une couleur et quelle couleur? Un volume et quel volume? Ainsi questionné par le lama, le disciple est envoyé méditer pendant plusieurs jours, voire plusieurs mois, après quoi il revient soumettre à son maître les réponses que sa propre expérience lui suggère et ce dernier lui dit si ses découvertes sont justes.

Il se trouve qu'aujourd'hui les maîtres doivent beaucoup voyager et que les disciples sont pris par de multiples activités. Il est devenu pratiquement impossible d'engager le processus où le lama poserait des questions tandis que le disciple prendrait tout le temps nécessaire pour méditer avant de revenir lui exposer ses réponses.

Du fait que nous n'avons pas ce temps disponible ni l'occasion de le trouver, je ne peux faire autrement que de décrire moi-même ce qu'est la vraie nature de l'esprit.

Les risques de l'exposé du maître

Ce peut être une très bonne chose que le maître explique lui-même ce qu'est la nature de l'esprit; mais ce n'est pas sans risque. Plusieurs possibilités se présentent en effet. Le disciple peut, en premier lieu, saisir la véracité de ce qui lui est exposé et y adhérer profondément; dans ce cas l'explication atteint parfaitement son but. Sans arriver à cette compréhension, le disciple peut aussi penser simplement: "C'est sans doute comme le dit le lama", et en éprouver de la confiance; c'est encore suffisant et sans danger. Mais un autre type de réaction peut intervenir à la suite des explications du lama. Certains peuvent en effet non seulement douter de leur validité, mais aussi adopter une position de rejet complet, disant: "Cette conception est sans fondement; elle est complètement fausse". Une telle réaction est très fâcheuse, à la fois pour le disciple qui commet une grave faute et pour le maître lui-même, coupable de l'erreur appelée "divulguer les enseignements qui ne doivent pas l'être".

Vous tous avez la bonne fortune d'apprécier le *dharma*. Si ce qui va être expliqué suscite simplement en vous la pensée: "Cela est sans doute ainsi puisque le lama le dit, même si je ne peux pas vraiment le comprendre", votre attitude conviendra au cadre de l'enseignement. Tout est bien. Vous ne risquerez pas les problèmes engendrés par une position critique[1].

Voyons donc ce qu'est l'esprit.

Vacuité

En premier lieu, l'essence de l'esprit est de n'avoir ni forme, ni couleur, ni volume, d'être semblable à un espace vide ou au ciel. La "vacuité" est la première caractéristique de l'esprit.

Clarté

Cependant, la vacuité seule — l'espace de cette pièce par exemple — n'a aucunement la possibilité de connaître ni la possibilité d'éprouver des sensations agréables ou désagréables. Or, l'esprit peut connaître et ressentir; c'est ce qu'on appelle sa "clarté". Un exemple nous fera comprendre ce qu'est la clarté. Dans l'espace vide environnant, le soleil à l'extérieur ou l'électricité à l'intérieur nous éclaire. Leur lumière donne la possibilité de voir, de connaître et de distinguer le terrain, les fleurs, les objets dans la pièce, etc. De même, la clarté de l'esprit est ce qui rend possible la connaissance.

Il faut cependant noter une différence entre ce qu'est réellement l'esprit et l'exemple précédent. Dans celui-ci une cause extérieure est en effet nécessaire pour produire la lumière, que ce soit le soleil ou l'électricité; sans leur présence, il fait sombre. La clarté de l'esprit, par contre, est indépendante de toute cause extérieure; elle fait partie de la nature de l'esprit. Si l'on établit l'esprit dans un état dépourvu de pensées, il demeure dans un état de clarté vide. Présente dans la vacui-

1 - Une position de rejet critique vis-à-vis de l'enseignement est dommageable en ce sens que, karmiquement, elle engendre des blocages qui risquent de détourner de la voie de la libération dans les vies à venir.

té, la clarté est aussi une force active qui permet que les pensées prennent forme, que, par exemple, l'image de l'Inde ou de l'Amérique apparaisse dans l'esprit lorsque nous y pensons. La clarté, en même temps qu'elle procure la possibilité de connaître, constitue ainsi la faculté créatrice de l'esprit.

Non-obstruction

Si l'esprit était seulement clarté et vacuité, il serait comme l'espace qui nous entoure, vide et clair, mais sans conscience. Pouvoir dire: "Ceci est un pilier, ceci est un mur, ceci est un homme", etc...met en jeu un troisième aspect qu'on appelle la "faculté intelligente" ou encore la "non-obstruction", ce qui connaît effectivement.

Tel est donc l'esprit: son essence est vacuité; la nature de cette vacuité est clarté; cette clarté-vacuité est associée à la connaissance dynamique.

Ni centre ni limite

Telle est du moins l'explication que je vous donne sur ce qu'est l'esprit. Encore vous faut-il maintenant méditer pour le vérifier. Pour ce faire, établissez-vous dans un état où vous ne cherchez pas à créer ou à produire quoi que ce soit mentalement, où vous ne vous tournez pas vers l'extérieur, où vous ne plongez pas non plus vers l'intérieur; l'esprit demeure simplement en lui-même. Voyez si l'esprit est, oui ou non, vide, clair et doté de la capacité de connaître. Comprendre ce qu'est cet esprit vide, clair et connaissant est une expérience infiniment ouverte et vaste, dont on dit qu'elle est dépourvue de centre et de limite, semblable à l'espace. C'est dans cet état que l'on doit rester.

Il ne faut pas restreindre cette vacuité-clarté-connaissance à des bornes étroites, la confiner à l'intérieur de notre poitrine par exemple. L'esprit ne peut être localisé dans un emplacement défini. Cette vacuité-clarté-connaissance est le mode d'être de l'esprit et non quelque chose de fabriqué.

(méditation)

Demeurons dans un état où notre esprit, d'une part, emplit toutes les hauteurs de l'espace, comme s'il allait plus loin que la lune et le soleil, sans que rien ne l'arrête; où, d'autre part, il descend plus profondément que toutes les profondeurs de la terre ou de l'océan. Nous restons dans cet état sans aucune distraction.

(méditation)

Sans commencement ni fin

L'esprit — qui en essence est vacuité, par nature clarté et dont l'aspect est connaissance — existe depuis des temps sans commencement. Depuis des temps sans commencement également, il est recouvert par l'illusion et fonctionne de manière erronée, se trouve emprisonné dans le *samsara**. Il n'est pas apparu un beau jour alors qu'il n'existait pas auparavant. De même, dans l'avenir, si nous reconnaissons sa nature authentique et atteignons l'état de *bouddha*, cela ne signifie pas qu'il cessera d'exister.

L'espace est vide, si bien qu'aussi loin qu'on remonte dans le passé on ne peut trouver un moment qui serait son commencement; aussi loin qu'on aille dans l'avenir on ne peut dire que dans mille ans, dix mille ans ou dans quelque nombre d'années que ce soit il cessera d'exister. L'espace étant vide, il est sans commencement ni fin; il est permanent. Notre esprit, vide comme l'espace, est, de la même manière, sans commencement ni fin.

Les quatre voiles

Notre esprit vide, clair et connaissant, est encore appelé “potentiel de conscience primordiale”.

Ce potentiel de conscience primordiale est comparable à une eau pure. Si on mêle de la terre à cette eau pure elle devient boueuse. De façon comparable, du fait de l'ignorance fondamentale, le potentiel de conscience primordiale est réduit à un “potentiel de conscience individualisée”. Cette intervention de l'ignorance constitue le “voile de l'ignorance innée”: l'esprit ne reconnaît pas sa propre nature.

De ce fait, se forme la notion de “moi” et “autre”: le voile de la dualité qu'on appelle aussi “ignorance déterminée” ou bien encore “voile des conditionnements* latents”. L'esprit, ne reconnaissant pas sa propre nature comme vide, installe à la place de ce vide un “je”, le

Le grand stoupa de Bodhgaya
commémorant l'Eveil du Bouddha Shakyamouni.

“sujet”, auquel il s’identifie; ne reconnaissant pas la manifestation comme étant sa propre clarté, il la conçoit comme “autre”, comme “objet”.

Puis, entre les deux pôles de cette dualité moi-autre apparaissent des émotions conflictuelles*, en premier lieu l’attraction et la répulsion automatiquement accompagnées de l’aveuglement qui ne reconnaît pas leur nature vide. A partir de ces trois émotions conflictuelles de base se développent de nombreuses ramifications, 84 000 au total, qui constituent le “voile des émotions”.

Sous leur emprise, nous accomplissons des actes négatifs nombreux et variés formant le “voile du *karma*”.

L’origine des classes d’existences

La conjonction des émotions conflictuelles et des actes qu’elles entraînent donne lieu aux six types de renaissance dans le *samsara*:

- Lorsque, mû par la haine ou la colère, on est amené à tuer, ceci a pour résultat de nous faire renaître dans une condition infernale.

- L’attachement engendre une grande possessivité qui est cause de l’existence en tant qu’esprit avide*.

- L’aveuglement, empêchant de discriminer entre le positif et le négatif, induit une renaissance animale.

- Si l’on a protégé la vie, pratiqué le don, accompli de nombreux actes positifs mais qu’en même temps on a eu beaucoup de désir et d’attachement, ce mélange de positif et de négatif conduit à renaître en tant qu’homme.

- Lorsqu’on a accompli de nombreux actes vertueux mais qu’ils ont été mêlés de jalousie, on reprend naissance dans le monde des demi-dieux*.

- Des actes vertueux teintés d’orgueil mènent dans les mondes des dieux*.

Nous-mêmes, en raison, d’une part, des actes nombreux positifs que nous avons accomplis antérieurement et, d’autre part, d’une connexion déjà établie avec les *bouddhas*, le *dharma* et la *sangha*, nous avons obtenu maintenant la précieuse existence humaine.

Ni réel ni irréel

Un être ordinaire, fonctionnant sous l'emprise de la conscience duelle, est semblable à une personne ayant absorbé beaucoup d'alcool. Son état d'ivresse crée des hallucinations qu'elle prend pour réelles. De la même manière, le fonctionnement duel du potentiel de conscience produit les multiples manifestations illusoires que sont les six classes d'êtres.

On ne peut pas dire que ces six classes d'êtres existent réellement, puisqu'elles ne sont rien d'autre que des projections de l'esprit. Elles sont vides en essence. Cependant, on ne peut dire non plus qu'elles n'existent pas du tout, car tant que nous sommes dans l'une d'elles, bien qu'elle ne soit qu'une production de l'esprit, nous restons persuadés de sa réalité. Tel est notre cas: nés en tant qu'humains, nous avons l'idée que nous sommes réels ainsi que tout ce qui nous entoure. Il en va de même pour les autres classes d'êtres.

Il est dit que les six classes d'êtres ne sont ni vraies ni fausses. Elles sont comparables à la lune se reflétant sur l'eau. Cette lune n'est pas complètement irréelle puisqu'on peut la voir; elle n'est pas non plus réelle, puisqu'elle n'est nulle part. Le rêve nous donne une autre illustration de ce jeu de l'irréel et du réel: tant que dure le rêve, nous sommes persuadés de la réalité des personnes, des paysages et de tout ce qui apparaît, si bien que nous éprouvons différents sentiments: la peur, la souffrance, la crainte, etc.; mais, une fois que nous sommes réveillés, tout ceci a disparu, n'existe plus nulle part. Les phénomènes du rêve ne sont ainsi ni existants ni inexistants.

Prendre son envol

Le fait d'être sous l'emprise de l'ignorance, prisonnier du fonctionnement duel du potentiel de conscience duelle, constitue ce qu'on appelle le *samsara*, base d'expériences multiples de souffrance et de bonheur.

Lorsque l'ignorance est totalement dissipée, se révèle la connaissance inhérente à l'esprit qu'on nomme état de *bouddha*.

Si nous ne sommes pas connectés à un enseignement de l'Eveil, il nous est impossible de nous libérer du *samsara*. Si nous nous déplaçons à pied, si nous prenons une bicyclette, ou le train, si nous allons en voiture, en bateau ou à cheval, il nous est impossible de quitter la surface du sol; le seul moyen pour ce faire est de prendre l'avion. Cet avion, nous l'avons tous: c'est notre connexion avec le *dharma*. Nous avons la capacité de voler et nous sommes peut-être déjà dans un état intermédiaire entre le *samsara* et la libération. C'est la caractéristique de notre précieuse existence humaine. Ceux qui ne sont pas reliés à une voie de l'Eveil doivent se contenter de la surface de la terre; ils ne peuvent décoller.

Possédant la précieuse existence humaine, étant reliés à un enseignement qui mène à l'Eveil, encore nous faut-il pratiquer cet enseignement, faute de quoi nous n'obtiendrons rien.

Actes négatifs et voiles

Deux obstacles nous empêchent d'obtenir l'Eveil: nos voiles et nos actes négatifs.

Les voiles — c'est-à-dire ici le voile de l'ignorance et le voile des conditionnements latents — sont comparables aux nuages dans le ciel; ils ne permettent pas de voir la réalité. Les actes négatifs équivalent, quant à eux, à se frapper soi-même douloureusement. En les accomplissant, nous semons la graine de notre propre souffrance. Etant donné que nous avons commis des actes négatifs et récolté leurs résultats pendant un nombre d'existences infini, pendant cette même durée nous nous sommes "frappés" sans cesse. C'est en raison du caractère douloureux de leurs conséquences que l'on parle d'actes "négatifs".

Il est impossible d'atteindre l'Eveil sans supprimer à la fois ces actes négatifs et ces voiles. Ils nous condamnent à tourner dans le *samsara*. Si, par contre, nous les dissipons, le mérite et la sagesse augmentent d'eux mêmes.

Prenons l'exemple de la nuit et du jour. Quand il fait nuit, l'obscurité complète crée une situation difficile; quand point le jour, le soleil n'apparaît pas encore mais une première lueur éclaire la terre; puis, le soleil continue à monter, la lumière augmente et de ce fait même l'obscurité diminue. De même, lorsque les actes négatifs et les voiles s'estompent, le mérite* et la sagesse croissent spontanément.

Pour que les actes négatifs et les voiles disparaissent complètement et que le mérite et la sagesse s'épanouissent pleinement, il faut réaliser le *mahamoudra*, la nature ultime de l'esprit. Mais cela ne peut se faire sans préparation. C'est pourquoi nous accomplissons tout d'abord des "préliminaires*": les prosternations*, la récitation du *mantra* de cent syllabes, etc., phases préparatoires permettant d'accumuler mérite et sagesse.

La retraite de trois ans

Tout acte vertueux du corps, de la parole, ou de l'esprit a pour effet de réduire les fautes et les voiles et de nous rapprocher de l'état de *bouddha*. Cependant, du fait que nous sommes engagés dans la vie ordinaire, que nous travaillons et sommes pris par de nombreuses occupations, nous n'avons pas l'occasion d'accomplir beaucoup d'actes positifs. Lorsqu'on s'engage à faire une retraite de trois ans et trois mois, cela veut dire par contre que pendant trois ans et trois mois, toute activité ordinaire étant abandonnée, le corps, la parole et l'esprit s'appliquent exclusivement à la pratique du *dharma*, à l'activité positive et vertueuse. Cette retraite est donc un moyen pour dissiper rapidement les voiles et les fautes et pour faire grandir le mérite et la sagesse.

Même en nous appliquant avec beaucoup de diligence à la pratique positive au cours de la retraite traditionnelle, il est extrêmement peu probable que nous puissions y atteindre le plein Eveil; mais du moins pouvons-nous apprendre à pratiquer le *mahamoudra*, ce qui progressivement nous mènera à l'Eveil.

Araser le monticule

Que nous ne puissions atteindre si rapidement l'état de *bouddha* ne met pas en cause l'efficacité du *dharma*, mais tient au fait que nous avons accumulé des actes négatifs et renforcé nos voiles depuis des temps sans commencement; nous en débarrasser demande donc un certain travail.

Supposons que L'Eveil que nous voulons atteindre soit comme un monticule de terre au milieu d'une plaine. Une personne seule qui s'attaquerait aux flancs du monticule avec une pioche et une pelle arriverait sans doute à l'entamer, mais il est peu probable qu'elle parvienne à l'araser en trois ans. Celui qui a une activité ordinaire ne lui laissant que peu de temps pour la pratique spirituelle est dans la situation de celui qui ne dispose que d'une pioche et d'une pelle. En revanche, faire une retraite de trois ans est comparable au fait d'attaquer le monticule avec une pelleteuse ou un bulldozer. La retraite nous donne la possibilité d'appliquer une très grande force à la pratique et par conséquent nous pouvons déblayer une très grande quantité de fautes et de voiles.

La lumière instantanée

Pour celui qui sait véritablement méditer selon le *mahamoudra*, il est on ne peut plus facile de se débarrasser des fautes et des voiles. Supposons que cette pièce soit sans aucune ouverture, qu'elle soit dans la totale obscurité et que nous voulions lui donner une certaine clarté. Une méthode consisterait à prendre des outils, à creuser des ouvertures et à faire ainsi des fenêtres et des portes. Ce serait un gros travail auquel est comparable la mise en œuvre de l'activité vertueuse du corps, de la parole et du mental. Pratiquer le *mahamoudra* est une approche différente, directe, comme si l'on actionnait l'interrupteur pour avoir de la lumière.

Trop proche, trop profond, trop facile, trop bon

Bien que le *mahamoudra* soit extraordinairement facile, quelles causes nous empêchent de le mettre en pratique et de le comprendre immédiatement?

Il est dit que la nature vraie de notre esprit, le *mahamoudra*, est trop proche pour que nous puissions la voir et la comprendre, de même que le visage est trop proche de l'œil pour que l'œil puisse le voir.

Il est dit encore que si nous sommes à la surface d'un océan de très grande profondeur, nous aurons beau regarder, nous ne verrons ni les poissons des abysses ni les rochers du fond marin. De la même manière, le *mahamoudra* est si profond que nous ne pouvons le sonder.

Le *mahamoudra* est très facile: il n'y a pas à se déplacer, rien à faire, rien à réciter, pas d'objet de méditation proprement dit; l'esprit y découvre sa propre nature. Il est dit que c'est trop facile pour que nous puissions le croire.

Pratiquer le *mahamoudra* entraîne le développement de qualités infiniment grandes et nombreuses impliquées dans la réalisation des trois corps* de l'Eveil; il est dit que ces qualités sont si grandes et si bonnes que le mental ne peut les contenir.

Bouddha devant la télévision

Il est peu probable que vous puissiez tous faire la retraite traditionnelle, mais si vous avez foi et confiance et que vous vous appliquiez avec ardeur à la purification et à l'accumulation ainsi qu'à la méditation du *mahamoudra*, vous pourrez comprendre ce qu'est celui-ci.

Lorsqu'on sait véritablement la pratiquer, la méditation du *mahamoudra* est extraordinairement simple. En Inde et au Tibet on disait que c'est aisé au point de permettre d'atteindre l'état de *bouddha* tout en filant la laine, d'atteindre l'état de *bouddha* tout en gouvernant un royaume, ou encore d'atteindre l'état de *bouddha* tout en s'adonnant aux travaux des champs. On a gardé le souvenir de nombreux pratiquants qui ont ainsi atteint la libération en continuant leur activité ordinaire; certains étaient fermiers, d'autres potiers, d'autres couturiers, etc.

Si, pendant la retraite de trois ans, vous pouvez développer une bonne expérience du *mahamoudra*, vous pourrez, après la retraite, si vous le désirez, devenir un homme d'affaires brassant des millions de francs à chaque heure du jour. Ou bien, si vous préférez, nous pourrez strictement ne rien faire, rester assis comme Milarépa, manger des orties et atteindre l'état de *bouddha* de cette manière.

Le *mahamoudra* n'implique pas de divinités* sur lesquelles méditer ni de *mantras** à réciter; l'esprit demeure en lui-même sans aucune distraction, sans rien créer ni faire, dans la reconnaissance de son essence. Si vous savez méditer ainsi, peut-être pourra-t-on ajouter une autre possibilité aux circonstances permettant d'atteindre l'état de *bouddha*: devenir *bouddha* en regardant la télévision.

Lorsqu'on pratique le *mahamoudra* il n'y a pas à rejeter les émotions conflictuelles. Elles apparaissent et disparaissent d'elles-mêmes, naturellement.

Le *mahamoudra* est si puissant qu'il est dit qu'il "déchire le *samsara* en lambeaux".

Nous allons maintenant méditer un moment: nous plaçons notre esprit dans un état tel que nous ne faisons rien, nous ne créons rien, mais nous ne sommes pas non plus distraits par quoi que ce soit.

(méditation)

Vous pouvez vous exercer de temps à autre à "placer" votre esprit de cette manière; progressivement vous comprendrez par vous-mêmes de quoi il s'agit. Cependant, ce qui importe avant tout est d'avoir foi envers le lama, de le prier, ainsi que de développer l'amour et la compassion vis-à-vis des êtres ordinaires. Par cette foi, par cet amour et par cette compassion, vous dissiperez un grand nombre de fautes et de voiles, vous rapprochant beaucoup du *mahamoudra*.

Tant que nous n'avons pas réalisé le *mahamoudra*, il nous faut éviter tout acte négatif et pratiquer tout acte positif. Nous continuons en effet à fonctionner dans le cadre du potentiel de conscience individualisée et, par conséquent, nous restons soumis au *karma*.

En revanche, celui qui a gagné la capacité de le pratiquer effectivement sort du cadre des conventions, comme en témoignent les exemples de grands maîtres de l'Inde du passé. Saraha par exemple a obtenu la réalisation en dormant pendant douze ans, Viroupa en étant ivre jour et nuit; le roi Indraboddhi, jouissant de la compagnie de cinq cents reines le jour et de cinq cents reines la nuit, obtint la réalisation lui aussi en douze ans.

Peut-être, dans l'avenir, pourrons-nous suivre ces exemples. En attendant, il nous faut faire des souhaits très profonds pour atteindre la réalisation. C'est pourquoi, notamment, nous récitons dans la dédicace*: "Par cette vertu puissé-je réaliser rapidement le *mahamoudra* et établir tous les êtres en cet état".

Vajradharaling, 1984

Vajrasattva,
divinité de la purification.

12 - Le mahamoudra 3

Les techniques de la vision supérieure* (sct. *vipasyana*, tib. *lhakthong*) sont très variées. Pour un débutant, on utilisera par exemple des méthodes dites “vision supérieure extérieure et intérieure” portant sur l’absence de formes, l’absence de sensations, l’absence d’esprit et l’absence de phénomènes. Cependant, dans le *vajrayana*, vision supérieure et *mahamoudra* constituent une seule et même chose: la reconnaissance du mode d’être* authentique de l’esprit*. Dans cette optique, parler de vision supérieure ou de *mahamoudra* revient au même.

De la base au résultat

La méditation du *mahamoudra* comporte trois étapes:
- reconnaître le mode d’être de notre esprit: c’est le *mahamoudra*-fondement;
- méditer sans interruption dans cet état de reconnaissance: c’est le *mahamoudra*-chemin;
- enfin, parcourant ce que, dans l’école Kagyupa, on appelle les douze étapes des quatre chemins — c’est-à-dire les degrés inférieur, moyen et supérieur de la “concentration”, de la “simplicité”, de “l’unique saveur” et de “la non-méditation” — on atteint l’état de *bouddha* qui est le *mahamoudra*-résultat.

Si ne s’opère pas en premier lieu la reconnaissance du mode d’être, aucun fondement, aucun point de départ ne sera fourni au chemin; sans chemin parcouru il est tout autant impossible d’arriver au but. La première de ces trois étapes est donc essentielle.

Dissiper la brume

Avant d'aborder le *mahamoudra*, il est normalement nécessaire d'accomplir des préliminaires* qui, en purifiant le pratiquant, rendent très aisée la méditation. Lorsque le ciel est recouvert de brume ou de nuages, il est impossible de voir le soleil, bien qu'il soit présent. Plus la brume et plus les nuages se dissipent, plus on approche d'une vision claire du soleil. De la même manière, plus, grâce aux préliminaires, nous nous purifions des fautes et des voiles* et plus nous accumulons de mérite*, plus le *mahamoudra* devient facile.

Après cette phase préparatoire, le lama commence à donner des instructions, exposant tout d'abord des méthodes de pacification mentale (sct. *samatha*, tib. *chiné*) qui permettent une certaine maîtrise de la faculté de garder l'esprit au repos. Quand *chiné* commence à porter ses fruits, que les pensées et les émotions conflictuelles se dissipent, que l'esprit est capable de rester bien concentré, le lama s'entretient avec le disciple afin de lui faire découvrir la nature de son esprit. Il lui pose des questions du type: "D'où vient une pensée? Où demeure-t-elle? Où disparaît-elle?" Il l'interroge ainsi sur ce qu'on appelle "origine-localisation-disparition". Ou encore il lui demande: "Quelle est la nature de l'esprit au repos? Quelle est la nature de l'esprit en mouvement? Quelle est la nature de l'esprit conscient à la fois du repos et du mouvement?", procédant ainsi à l'examen du "repos-mouvement-conscience". Le disciple médite à partir de ces questions, puis vient exposer ses réponses au lama, qui le corrige et le dirige, jusqu'à ce qu'il arrive à une conclusion personnelle correcte.

Nous ne disposons maintenant pas du temps nécessaire pour une telle approche progressive. Le *dharma* est très vaste, mais les humains ont beaucoup d'activités, beaucoup de travail, beaucoup de distractions, beaucoup de paresse, si bien qu'il ne reste guère de temps pour la pratique. D'une certaine manière, ce manque de temps pourrait conduire à penser que la réalisation du *mahamoudra* vous est fermée. Cependant, il est dit que plus la situation est difficile du point de vue spirituel, plus l'époque est matérialiste, plus se révèle puissante la bénédiction d'un enseignement profond comme le *mahamoudra*. Je pense donc qu'une pratique personnelle sincère peut vous conduire à la réalisation.

Une gemme perdue dans la nuit

Si l'on n'a aucune d'idée de ce qu'est le mode d'être de l'esprit, la pratique du *mahamoudra* reste impossible. Supposez que vous ayez perdu une petite pierre précieuse, la nuit, dans un endroit sans lumière. Vos yeux ne peuvent la voir et vous tâtonnez avec la main pour la retrouver: il y a très peu de chances pour que vous y parveniez. Si l'on vous donne une lumière, vos chances deviennent beaucoup plus grandes. Méditer sans avoir de connaissance de ce qu'est l'esprit est tout à fait semblable à la recherche d'un petit objet sur le sol, sans lumière, en pleine nuit.

Il est donc nécessaire de comprendre que l'esprit est vacuité, clarté et non-obstruction et de voir comment sa pureté fondamentale est altérée par quatre voiles: ignorance, conditionnements latents, émotions conflictuelles et *karma*.

(*Ces trois caractéristiques de l'esprit ainsi que les quatre voiles ont été exposés en détail dans les chapitres précédents; nous n'en reprenons pas ici l'exposé.*)

L'enfer transformé en migraine

Non recouvert par les quatre voiles, l'esprit est encore appelé "potentiel de conscience primordiale"; recouvert par les voiles, il devient "potentiel de conscience individualisée". Chez les êtres du *samsara*, le potentiel de conscience primordiale ne dispose que de très peu de force pour faire surface; les voiles sont très épais. De temps à autre seulement, lorsque d'heureuses combinaisons de circonstances le permettent, le potentiel de conscience primordiale s'exprime sous la forme de la foi, de la compassion, de l'altruisme, etc. De là procède un "*karma* blanc" qui engendre des renaissances dans les mondes supérieurs. En raison de la rareté de ce *karma* blanc, peu nombreux sont ceux qui atteignent les mondes supérieurs. Le "*karma* noir" étant par contre très fréquent, les trois mondes inférieurs comptent beaucoup plus d'individus.

Il existe, heureusement, de nombreuses méthodes pour se purifier des voiles. Dans le *mahayana**, par exemple, l'esprit d'Eveil* est regardé comme un agent de purification très puissant. A supposer que notre réservoir karmique nous prépare, après cette vie, une renaissance certaine en enfer*, il est dit qu'un développement puissant de l'esprit d'Eveil transformera ce qui aurait dû produire les immenses souffrances des enfers en un simple mal de tête au cours de cette vie.

Les actes créent des empreintes

Il faut bien comprendre le processus qui entre en jeu dans ce voile du *karma*: tous les actes que nous accomplissons, quelle que soit leur importance et quelle que soit leur nature — qu'ils soient positifs comme le fait de protéger la vie, de donner, etc., ou qu'ils soient négatifs comme tuer ou voler — laissent, dans le potentiel de conscience individualisée où ils se fondent, une empreinte; dotée d'une dynamique, cette empreinte, ou cette graine, mûrit pour, finalement, lorsque les conditions et les facteurs annexes sont réunis, donner un résultat, sous la forme d'une situation dont nous faisons l'expérience[1]. Le potentiel de conscience individualisée constitue la base du processus du *karma*; tant que notre esprit fonctionne sous ce mode, les actes continuent nécessairement d'agir, pour leur auteur, en tant que causes qui engendrent des fruits karmiques. Le Bouddha disait qu'une fois un acte accompli, même si cent *kalpas** doivent s'écouler, ses conséquences s'exprimeront nécessairement quand les circonstances le permettront.

Karma et mémoire

Un certain nombre de personnes ne sont cependant guère convaincues par cette loi du *karma*, voire la rejettent complètement. "Le Bouddha et les lamas en parlent beaucoup, pensent-elles, mais on ne

---

1 - La parenté est très évidente entre l'inconscient des psychanalystes et le potentiel de conscience individualisée. Le second est cependant conçu de manière beaucoup plus vaste que le premier puisque les virtualités qu'il contient, provoquées par tous nos actes et non par certains traumatismes psychiques uniquement, sont "transportées" d'une existence à une autre et conditionnent non seulement notre réaction à l'environnement, mais les circonstances et les événements mêmes de nos existences.

Le Bouddha
faisant le moudra de l'enseignement.

l'a jamais vue; il n'est pas bien sûr qu'elle ait une existence en dehors des mots qui la conçoivent.” Il est évident que le *karma* en tant que tel est invisible: il prend place dans le potentiel de conscience individualisée et celui-ci n'est rien d'autre que l'esprit. L'esprit étant immatériel et invisible, le *karma* est immatériel et invisible. Le fait qu'on ne le voit pas n'est cependant pas une preuve de son inexistence. Peut-être avez-vous étudié pendant une quinzaine d'années. Pouvez-vous voir où se trouve l'immense quantité d'informations que vous avez emmagasinée pendant ces années? S'il s'agissait de quelque chose de tangible, il faudrait un lieu pour le mettre: votre maison, votre poitrine ou ailleurs. Il est clair que ce n'est pas le cas. Ne pas trouver de localisation matérielle pour la mémoire de vos études ne peut pas conduire à penser que celle-ci n'existe pas, puisque, lorsque nous avons besoin des données que nous avons étudiées, elles reviennent dans notre esprit et nous pouvons les utiliser. Elles ne sont pas sorties d'un “lieu”, pourtant elles réapparaissent.

Le *karma* suit un processus analogue à celui de la mémoire: les actes ont été enregistrés dans le potentiel de conscience individualisée au cours de nos vies passées et, bien que ce potentiel ne constitue pas un réservoir au sens matériel, leurs effets en resurgissent lorsque les circonstances, c'est-à-dire l'association d'un grand nombre de facteurs, s'y prêtent.

Les étapes de la purification

Nous purifier du *karma* et des quatre voiles demandera peut-être un temps extrêmement long: des centaines ou des milliers d'existences, jusqu'à ce que nous atteignions l'état de *bouddha*. Cependant, si nous prenons bien conscience du problème et si nous y appliquons beaucoup d'énergie, la purification peut s'effectuer en cette unique vie présente. Il est dit même, dans certains textes, que dans le meilleur des cas, six mois peuvent suffire à atteindre l'Eveil, sinon un an, sinon une existence.

D'un point de vue immédiat, si nous pratiquons avec force, les pratiques préliminaires* permettent tout d'abord d'accumuler assez de mérite et d'opérer une purification suffisante pour dissiper le voile du *karma* de manière significative. Il sera entièrement écarté à l'obtention de la première terre de *bodhisattva*, nommée "Parfaite allégresse".

A partir de la première terre de *bodhisattva*, la purification concerne le voile des émotions conflictuelles*, qui se trouve supprimé à la septième terre de *bodhisattva*. Puis — ce qui correspond à la réalisation issue des onze premiers degrés du chemin du *mahamoudra*: les trois degrés de "concentration", les trois degrés de "simplicité", les trois degrés "d'unique saveur" et les degrés inférieur et moyen de "non-méditation" — de la huitième à la dixième terre, s'opère la purification du voile des conditionnements latents. Enfin, correspondant à la fin du degré supérieur de "non-méditation", le voile de l'ignorance est dissipé: c'est l'état de *bouddha*.

Ce cheminement, qui peut être très rapide par la voie du *vajrayana* et du *mahamoudra,* s'étale, par la voie du *mahayana* ordinaire, sur un nombre incalculable de vies. Quels sont les facteurs assurant la progression la plus rapide possible? Un lama animé d'un grande compassion, des instructions profondes, un disciple aux capacités supérieures. Il est dit que, dans ce cas, grâce aux instructions du *mahamoudra*, la purification des quatre voiles peut être immédiate, de la même manière qu'une lumière s'allumant dans l'obscurité la dissipe instantanément.

Qualités d'un bouddha

Lorsqu'aucun nuage ne couvre le ciel, on peut être certain qu'il ne va ni pleuvoir, ni neiger, ni grêler. De la même manière, lorsque l'esprit est totalement libre des quatre voiles, que son mode d'être est pleinement actualisé, il n'est plus possible que soient expérimentées les souffrances et les difficultés de ce monde. On est au-delà du *samsara*.

Lorsque l'état de *bouddha* est atteint, l'esprit a *vaincu* (tib. *tchom*) tous les voiles et toutes les imperfections, il est *doté* (tib. *dèn*) de toutes les qualités et il est *passé au-delà* (tib. *dé*) du *samsara*. On donne donc à un *bouddha* le titre de *bhagavan* (tib. *tchom-dèn-dé*).

Au Tibet, le *dharma* faisait partie de la civilisation et tout le monde accueillait ses propositions avec une confiance absolue. Etant donné que le *dharma* enseigne que l'état de *bouddha* implique d'inimaginables qualités, c'était un fait admis sans discussion. Les Occidentaux sont, au contraire, habitués à faire usage de leur intelligence critique. Aussi se posent-ils nombre de questions sur l'état de *bouddha*: N'est-ce pas la disparition pure et simple de l'esprit, un état semblable au vide de l'espace, le néant? Ou bien ne serait-ce pas un état de totale insensibilité, comme une pierre ou comme la terre sur laquelle nous marchons?

Ces doutes sont significatifs d'une certaine incompréhension. Les qualités infinies de l'état de *bouddha* sont en effet déjà présentes dans notre esprit. Ce n'est pas quelque chose qui va se créer, qui va nous être conféré par quelqu'un ou qui va venir de l'extérieur. Elles sont primordialement existantes. L'esprit est en effet vide en essence. Cette vacuité est, par définition, illimitée; on ne peut dire: "Jusqu'à cette frontière l'esprit est vide, après quoi il ne l'est plus." La vacuité de l'esprit embrasse la totalité du *samsara* et du *nirvana*; elle est omniprésente. Nous avons vu, par ailleurs, que la clarté et l'intelligence sans obstruction de l'esprit étaient inhérentes à sa vacuité; partout où il y a vacuité, il y a donc aussi clarté; partout où il y a clarté, il y a intelligence sans obstruction.

Sur cette base de l'absence complète de limites de l'esprit et de ses facultés, sont comprises les infinies qualités d'un *bouddha*, dont la première est l'omniscience: un *bouddha*, c'est-à-dire un esprit que plus rien n'entrave, possède la connaissance complète, claire et précise de la situation de tous les êtres des six classes du *samsara*, dans le passé, le présent et le futur. A cette connaissance s'ajoute l'amour, qui procède de la vision des souffrances dont sont prisonniers les êtres en raison de l'ignorance de la nature pure de leur esprit. De l'amour vient le pouvoir de secourir les êtres, de les guider vers la libération. C'est pourquoi les *bouddhas* œuvreront continuellement pour le bien des êtres jusqu'à ce que le *samsara* soit vide. Omniscience, amour et pouvoir constituent les trois qualités fondamentales de l'état de *bouddha*.

Le brahman qui n'avait plus que sept jours à vivre

En Inde, autrefois, un *brahman* eut la vision d'une divinité qui lui déclara: "Tu n'as plus que sept jours à vivre et ta prochaine vie s'annonce très mauvaise." Le pauvre homme, affolé par l'échéance, ne savait de quel côté se tourner pour trouver un remède qui la retarderait. Il avait entendu néanmoins parler du Bouddha et se dit que lui, peut-être, qu'on disait si sage, si savant et si habile, pourrait le secourir. Il décida de lui rendre visite.

Le Bouddha était alors en train de délivrer un enseignement à une foule de plusieurs milliers de personnes. Voyant tout ce monde, notre homme se sentit désespéré: comment, alors que tant de gens se pressaient, pourrait-il parler au Bouddha et lui exposer son cas?

Cependant, à son grand étonnement, sans qu'il n'ait rien dit, le Bouddha s'adressa soudain à lui en l'appelant par son nom: "Brahman, tu n'as plus que sept jours à vivre, lui dit-il; puis tu devras renaître sept fois comme porc, puis encore sept fois sous telle forme d'existence inférieure, puis sept fois sous telle autre, puis sept fois..." Le Bouddha énuméra ainsi une longue série de renaissances douloureuses par groupes de sept. L'homme pâlit de terreur. Qui pourrait le sauver de cette perspective épouvantable?

Reprenant la parole, le Bouddha lui dit: "Dans la banlieue Est de la ville, se trouve un *stoupa** qui tombe en ruines. Si, animé d'une grande foi, tu restaures ce *stoupa*, tu pourras allonger la durée de ta vie et te purifier du mauvais *karma* préparant tes mauvaises existences à venir."

L'homme eut confiance dans la parole du Bouddha: il restaura le *stoupa* ce qui, effectivement, le purifia et lui permit d'avoir une longue vie et d'éviter les renaissances inférieures à venir.

Ceci est un exemple des capacités que possède naturellement un *bouddha*.

Temples et stoupas

D'une manière générale, les *stoupas**, les temples et les monastères sont des supports de l'activité des *bouddhas*; c'est pourquoi participer à leur construction, à leur entretien et à leur restauration

Stoupa
traditionnel tibétain.

engendre des bienfaits très vastes dans le domaine de la purification et de l'accumulation. Beaucoup d'entre vous, à l'heure actuelle, apportent leur concours à la construction du temple de Samyé Ling[1] et vous le faites, à juste titre, avec beaucoup de joie et de cœur. Les mérites issus de votre travail ne se limitent pas au présent. Selon le Bouddha, en effet, tant que ne serait-ce qu'une pierre d'un temple ou d'un *stoupa* demeurera, les mérites de ceux qui l'ont construit continueront de s'accroître, de minute en minute, de seconde en seconde.

Souvenez-vous du récit de la vie de Milarépa, le plus célèbre de tous les lamas Kagyupas. On n'y raconte pas qu'il accomplit des centaines de milliers de prosternations*, ni qu'il offrit des centaines de milliers de *mandalas**, ni qu'il qu'il récita des centaines de milliers de *mantras* de Vajrasattva* (tib. Dordjé Sèmpa), mais que, pour obéir à Marpa, il construisit avec une grande foi une maison, d'abord triangulaire, puis en forme de demi-lune, puis ronde, la détruisant chaque fois pour plaire à Marpa, jusqu'à ce qu'il achève enfin une maison carrée de neuf étages. Grâce à cela, il put parfaitement se purifier de toute négativité et accumuler suffisamment de mérite pour ensuite atteindre l'Eveil en l'espace d'une seule vie.

La contribution matérielle que l'on peut apporter à la construction d'un temple ou d'un *stoupa* est un excellent support de purification et d'accumulation. Tout dépend cependant de la pensée qui la sous-tend: si nous sommes animés par la foi, la joie et l'admiration pour ce qui est accompli, dans ce cas la purification et l'accumulation seront effectives. Mais si nous construisons en colère, mécontents et rechignant à l'effort, on nous tromperait en nous disant que nous faisons quelque chose de bénéfique.

Pratique du mahamoudra

Les explications que donne le lama sur la nature de l'esprit et l'étude qu'en fait le disciple sont nécessaires mais elles restent au niveau de la compréhension intellectuelle. Cette compréhension est comparée à une pièce rapportée sur un tissu: elle ne s'intègre pas au

1 - En construction à l'époque de cet enseignement, ce temple, situé en Ecosse, est maintenant achevé.

vêtement original et finit par se découdre et tomber. Il faut donc, après s'être purifié des fautes et des voiles, faire suivre la compréhension d'une pratique en accord avec les instructions reçues.

(Récitation de la prise de Refuge et du développement de la bodhichitta)

Nous plaçons maintenant notre corps très droit et nous laissons notre esprit reposer en lui-même, tel qu'il est.

La vacuité de notre esprit n'est marquée par aucune limite. Nous ne pouvons pas dire: “Elle va jusque-là seulement”. Semblable à l'espace infini, elle embrasse la totalité du *samsara* et du *nirvana*. Nous laissons notre esprit sans aucune contrainte, dans un état de totale ouverture, sans distraction.

(méditation)

Cet esprit vide, semblable à l'espace, n'est pas seulement vacuité. Il possède aussi une clarté limpide, infiniment vaste, qui est le rayonnement même de la vacuité. Nous demeurons maintenant sans distractions dans cette clarté.

(méditation)

Il y a enfin l'intelligence sans obstruction, ce qui est conscient à la fois de la vacuité et de la clarté. Nous demeurons maintenant dans cette intelligence, cette conscience.

(méditation)

Enfin, dans l'infinitude et l'omniprésence de cet esprit vide, nous demeurons dans l'union indissoluble de la vacuité, de la clarté et de l'intelligence.

(méditation)

Les instructions que le disciple reçoit du lama donnent d'abord lieu à une compréhension, puis la méditation ouvre sur une expérience, que la continuité de la pratique transformera à plus ou moins long terme en réalisation. Nous partons ainsi du *mahamoudra*-fondement pour arriver, après avoir traversé les différentes phases de concentration, simplicité, unique saveur et non-méditation, au *mahamoudra*-résultat, c'est-à-dire l'état de *bouddha*.

Le regard du disciple

Vacuité, clarté et intelligence constituent la nature primordiale de l'esprit et forment ce qu'on appelle aussi la "conscience primordiale inhérente". Le Bouddha a souligné qu'il serait vain, pour découvrir cette conscience primordiale, de rechercher d'autres méthodes que les techniques de purification et d'accumulation associées à la grâce du maître.

Etant donné que notre relation au lama joue un rôle très important, il est nécessaire, avant de l'accepter comme tel, de bien examiner s'il possède ou non les qualifications nécessaires. Mais une fois que nous sommes devenus disciples d'un maître, qu'il soit un être ordinaire ou qu'il soit un *bouddha*, nous devons le regarder comme un *bouddha* véritablement présent. Il est dit en effet que si nous considérons le lama comme un *bouddha*, nous recevrons la grâce d'un *bouddha*; si nous le regardons comme un *bodhisattva*, nous recevrons la grâce d'un *bodhisattva*; si nous le regardons comme un bon directeur spirituel, nous recevrons la grâce d'un bon directeur spirituel; si nous n'avons aucune foi en lui, nous ne recevrons aucune grâce.

Styles de vie du maître

Nous ne devons pas avoir trop d'idées préconçues sur ce que doit être l'attitude d'un lama. Chacun possède son tempérament qui le fait agir de manière particulière, parfois déconcertante.

Guéché Langri Tangpa, par exemple, apparaissait comme quelqu'un d'impassible, le visage fermé, triste même. L'un de ses disciples lui dit un jour:

— Qu'est-ce qui vous rend si malheureux? Vous ne devriez pas rester comme ça. Pourquoi n'iriez-vous pas vous promener ou ne prendriez-vous pas un peu de vacances?

— Je garde toujours présentes à l'esprit les souffrances des six classes d'êtres, répondit Langri Tangpa; comment pourrais-je être joyeux?

Le comportement de Padampa Sangyé, un maître indien qui vint au Tibet, pouvait, quant à lui, être déroutant au point qu'une louange écrite en son honneur le décrit comme dormant parfois jour et nuit, ce qui était en fait le signe de son incessante méditation, agissant parfois comme un fou, ce qui était le signe de sa réalisation au-delà des convenances.

La nonne qui voulait un beau nom

Droukpa Kunlèk, pour sa part, adorait les plaisanteries, les facéties et les bons tours. C'était sa manière d'accomplir le bien des êtres. Une nonne lui demanda un jour ce qui le rendait si joyeux en toutes circonstances, ce qui le conduisait à rire et à s'amuser de tout.

— La souffrance a entièrement disparu dans la grande félicité, répondit-il. Il n'y a plus pour moi aucune souffrance!

— Je viens de prendre mes vœux, reprit la nonne. N'accepteriez-vous pas de me donner un nom d'ordination?

— Ah, oui...Quel genre de nom?

— Oh! Un très beau nom, bien sûr!

— Voyons... Que diriez-vous de "Tara blanche-jaune-rouge-et-verte"?

— J'ai peur que ce nom ne me convienne pas très bien, rétorqua la nonne étonnée. Il me faudrait un nom plus doux.

— Je vois ce qu'il vous faut: "Tara sucre-miel-mélasse".

— Là, c'est trop doux peut-être. Il faudrait un peu plus de force dans mon nom.

— Alors, si on vous appelait "Tara-tigre-léopard-serpent venimeux"?

— Non, ça ne va pas; il me faudrait quelque chose de plus ample.

— Je comprends très bien: "Tara-ciel-terre-espace."

— Il faudrait quelque chose qui convienne mieux à ce que je suis.

— Alors, "Tara-qui-a-des-vœux-parce-qu'elle-aime-l'amour-mais-a-peur-de-le-faire" vous irait parfaitement.

— Pourquoi ne pas laisser la dernière partie, dit la nonne; "Tara-qui-a-des-vœux", ce sera très bien!

Derrière la succession de ses plaisanteries, Droukpa Kunlèk se montra en fait très habile vis-à-vis de la nonne. Il lui fit comprendre la véritable orientation de sa vie: elle a pris des vœux non pour s'en faire une nouvelle coquetterie, mais parce qu'ils vont lui servir de support pour se détourner du monde et progresser sur le chemin de la libération. La nonne reçut ainsi un enseignement parfaitement en accord avec le *dharma*.

Il est important de ne pas rejeter et de ne pas dénigrer le *dharma*. A supposer que de telles attitudes se présentent spontanément dans votre esprit, n'y donnez pas suite. Pensez plutôt qu'elles sont sans doute le résultat d'un mauvais *karma* antérieur et dissipez-les par une étude sérieuse. Appliquez-vous aux quatre réflexions qui détournent l'esprit du *samsara*, puis accomplissez les quatre préliminaires* spécifiques[1]. Pratiquez autant que vous le pouvez les méditations de *chiné* et de *lhakthong* après avoir reçu des instructions de la part d'un lama. Vous progresserez ainsi rapidement vers l'état de *Bouddha*.

Samyé-Ling, mars 1983

1 - Les "quatre réflexions qui détournent l'esprit du *samsara*", sont exposées dans le chapitre "Les préliminaires communs", dans ce volume. Les "préliminaires spécifiques" sont traités dans le volume *Bouddhisme ésotérique*.

Le Bouddha
prenant la terre à témoin de son Illumination.

13 - L'union du mahamoudra et du maha-ati

*N*ous sommes tous réunis ce soir au centre Rigpa de Paris et je crois que la plupart d'entre vous ici présents sont, depuis quelque temps déjà, disciples de Sogyal Rimpotché. Sogyal Rimpotché m'a demandé de donner un enseignement sur le *mahamoudra* et sur le *maha-ati*. Comme nous avons peu de temps, je n'en parlerai que de manière brève, simplement pour établir une connexion.

Unité des lignées

Sogyal Rimpotché a reçu au Tibet les enseignements des traditions ancienne et nouvelle[1] si bien qu'en sa personne sont rassemblées les huit lignées* du Tibet.

Ces huit lignées, identiques en essence, ne diffèrent que par quelques détails et par l'emploi d'une terminologie spécifique. Ici par exemple, dans le temple de Rigpa, on peut voir des photos de Djamyang Khyèntsé Tcheukyi Lodreu et de Dudjom Rimpotché[2]. Tous deux m'ont donné des initiations et moi-même j'ai donné des initiations à Djamyang Khyèntsé Tcheukyi Lodreu. Ainsi avons-nous établi une relation bilatérale: maître à disciple et disciple à maître. D'un point de vue extérieur, Djamyang Khyèntsé peut être considéré

1 - La "tradition ancienne", incarnée dans l'école Nyingmapa, correspond à la première introduction du bouddhisme tantrique au Tibet, à l'époque du roi Trisong Détsèn (8ème siècle) ; la "tradition nouvelle" correspond à la seconde introduction du bouddhisme tantrique au Tibet, à la suite de la période de terreur et de destruction imposée par le roi Langdarma; elle regroupe, notamment, les lignées Kagyupa, Sakyapa et Guéloukpa.

2 - Deux des maîtres tibétains les plus éminents du 20ème siècle, aujourd'hui décédés.

Le roi Trisong Détsèn.

comme un lama Sakyapa et Dudjom Rimpotché comme un lama Nyingmapa, mais, en réalité, ils incarnent tous deux les huit grandes lignées du Tibet.

Dans l'école Guéloukpa, les deux lamas les plus connus sont le Dalaï-Lama et Pantchèn Rimpotché. Ce soir nous avons avec nous Dagyab Rimpotché qui est un de leurs principaux disciples et représente ainsi leur tradition. En ce qui concerne Sogyal Rimpotché, nos familles ont eu pendant des générations des liens très étroits. Ces liens existent encore aujourd'hui et nous avons aussi une relation de maître à disciple.

Traditions ancienne et nouvelle

Au Tibet, la tradition Nyingmapa, la tradition ancienne, a pris naissance avec le roi Trisong Détsèn, le grand maître Padmasambhava et le Khèmpo Bodhisattva (Shantarakshita). Remontant à ceux que l'on nomme "le Roi et les vingt-cinq disciples", elle véhicule des enseignements qui contiennent à la fois la parole du Bouddha et les *termas** de Padmasambhava. Plus tard, à l'époque du traducteur Rintchèn Zangpo et du grand pandit Paldèn Atisha, se constitua la tradition que l'on qualifia de "nouvelle" par rapport à l'ancienne.

Dans la tradition Nyingmapa, l'enseignement ultime a été appelé *maha-ati* (tib. *dzogpa tchènpo* ou *dzoktchèn*) tandis que dans la nouvelle il a été dénommé *mahamoudra* (tib. *tchagya tchènpo* ou *tchagtchèn*); mais, en essence, *maha-ati* et *mahamoudra* ne font qu'un, comme si l'on avait donné deux noms à la même personne.

MAHAMOUDRA

Sens du mot

On peut définir le mot *mahamoudra* à partir de son appellation tibétaine, *tchagya tchènpo*, en reprenant ses différentes syllabes:
- *tcha* se réfère à la sagesse qui connaît la profonde vacuité;
- *gya,* qui veut dire vaste, signifie que rien n'existe au-delà de la vacuité de l'esprit.

En fait, tous les phénomènes naissent de la vacuité de l'esprit. La seule différence entre les phénomènes tels que nous les expérimentons

Le Karmapa Rangjoung Dordjé,
auteur des "Souhaits du mahamoudra",
texte essentiel sur le mahamoudra dans la lignée Kagyupa.

et les phénomènes perçus par un esprit Eveillé, vient de la pureté ou de l'impureté de notre esprit. Cependant l'esprit n'est pas seulement vacuité, il est aussi clarté, intelligence, connaissance primordiale. Aussi tous les phénomènes sont-ils contenus dans cet esprit, cette sagesse, cette intelligence fondamentale, qui constitue l'esprit Eveillé. C'est ce qu'exprime *tcha* et *gya*.
- *tchènpo*, enfin, veut dire grand (*maha* en sanscrit), ce qui signifie que nulle réalisation n'est supérieure à celle-ci.

L'expression *tchagya tchènpo* fait ainsi référence à la fois à la vacuité et à la sagesse compatissante infinie.

Les étapes du mahamoudra

La voie du *mahamoudra* comporte au total douze subdivisions, dont quatre étapes fondamentales:
- concentration,
- simplicité,
- unique saveur,
- non-méditation.

Chacune de ces étapes est divisée à son tour en trois degrés, ce qui nous donne un total de douze subdivisions.

Nécessaire eau calme

Les trois premiers degrés, qui relèvent de la "concentration", sont les éléments importants à la fois dans le *mahamoudra* et le *maha-ati*.

Ils concernent l'entraînement parfait dans la pratique de la pacification mentale* (*chiné*). Tous les êtres dotés de capacités moyennes ou inférieures doivent passer par cet entraînement, mais, pour les êtres pourvus de capacité supérieure, il n'est pas nécessaire. L'esprit des êtres aux capacités moyennes ou inférieures est comparable à de l'eau agitée dans laquelle la lune ne peut se refléter clairement. Pour que le reflet de la lune devienne stable, l'eau doit d'abord s'apaiser. Pour les personnes de capacités supérieures, l'entraînement préalable n'est pas nécessaire, car c'est comme s'ils possédaient un appareil photo donnant immédiatement une image parfaitement claire. Il suffit de les "introduire à la nature de l'esprit" pour qu'ils la comprennent immédiatement.

Observer sans voir

Quelle est la nature de l'esprit? On dit que l'esprit est vacuité, clarté et connaissance infinie.

Une fois que nous sommes introduits à la nature de l'esprit, nous devons observer ce qu'il est. Toutefois l'esprit n'est pas un objet que l'esprit lui-même pourrait observer: il n'y a donc rien à voir. Néanmoins, si l'on n'observe pas l'esprit, on ne peut pas non plus le voir. On en vient par conséquent à se dire: "C'est extraordinaire, l'esprit est quelque chose que l'on doit voir et qui ne peut être vu!" Que veut dire: "observer sans voir"? Gampopa* disait:

L'esprit sans création artificielle, c'est le bonheur.
L'eau sans pollution est pure.

Cela signifie qu'il n'y a rien d'autre à observer que l'esprit. Observer l'esprit implique que l'esprit reste, sans fabrication mentale, au repos dans son état naturel. Le *mahasiddha* Tilopa disait:

Laisser l'esprit sans référence, c'est le mahamoudra;
Méditer ainsi sans interruption, c'est atteindre l'état de bouddha.

Si on laisse l'esprit au repos dans sa nature propre, sans fabrication mentale, il repose forcément dans sa propre vacuité, dans sa propre clarté: c'est le *mahamoudra*. Le *mahamoudra* est aussi appelé "connaissance ordinaire". "Ordinaire" dans le sens où l'esprit n'a pas besoin de fabriquer quoi que ce soit, mais demeure simplement, de lui-même, dans son propre mode d'être.

Lorsqu'on est capable de bien méditer et de rester dans cet état, qu'obtient-on? L'état de *bouddha* en est le résultat. Pourquoi? Parce que la vacuité de l'esprit est le *dharmakaya* même, le corps* absolu de *bouddha*. La clarté de l'esprit est le *sambhogakaya*, le corps de gloire de *bouddha*, et l'union indivisible des deux est le *nirmanakaya*, le corps de manifestation.

Accumulation, purification, dévotion

La possibilité d'être véritablement introduit au mode d'être de l'esprit, dans le cas d'une personne de capacités supérieures, repose sur une accumulation de mérite* et une purification déjà accomplies dans le passé. Quelqu'un doté de capacités moyennes ou inférieures doit, cependant, tout d'abord procéder à l'accumulation de mérite et à la purification. Par-dessus tout, il doit avoir une très grande dévotion pour son lama. Les lamas Kagyupas du passé disaient souvent que pour réaliser la sagesse ultime, inhérente et primordiale, il n'est d'autre moyen que la purification et l'accumulation de mérite et plus encore la dévotion au lama.

Jusqu'à l'état de bouddha

Lorsqu'on progresse sur le chemin, on atteint le degré inférieur de "simplicité". Puis, progressivement, on arrive aux degrés intermédiaire et supérieur de cette phase.

On parvient graduellement à la réalisation où le *nirvana* et le *samsara*, tous les aspects de l'expérience phénoménale — les formes, les sons, les odeurs, les saveurs, les sensations tactiles, les pensées, les états de conscience — ne sont plus perçus comme séparés de l'esprit. Cette phase est appelée "unique saveur".

Après le troisième degré de l'unique saveur, s'élève un état où la méditation n'est plus nécessaire pour préserver cette réalisation. Dès lors, il n'y a plus ni méditation ni distraction. La réalisation est complètement établie. C'est ce qu'on appelle l'état de non-méditation. Cette phase comprend elle aussi trois degrés; quand on arrive au troisième degré, on atteint l'état de *bouddha*.

On dit, dans la tradition nouvelle, particulièrement dans la lignée Kagyupa, que la connaissance instantanée du présent est aussi la "connaissance ordinaire".

"Parfaite allégresse"

Lorsque, grâce à l'introduction à la nature de l'esprit, à la méditation et à la réalisation, on arrive à la deuxième étape, celle de la simplicité, cela équivaut à l'obtention de la première terre* de *bodhisattva*, appelée "Parfaite allégresse". Ce nom tient au fait que, tant qu'on n'a pas reconnu la vraie nature de l'esprit, on n'est pas conscient de la nature illusoire de ses projections; on est donc sujet à toutes sortes de souffrances et de difficultés. Réaliser la vraie nature de l'esprit, ce qui se produit à la première terre, c'est comme verser de l'eau froide sur de l'eau en train de bouillir: instantanément l'eau s'arrête de bouillonner. De la même manière, grâce à cette réalisation, l'esprit connaît immédiatement une grande paix et un grand bonheur. Voilà pourquoi on l'appelle "Parfaite allégresse".

Maha-ati

Une absolue certitude

Dans la tradition Nyingmapa, on utilise une expression particulière pour décrire l'introduction d'un disciple à la connaissance de sa vraie nature. On dit: "introduction directe du visage du *rikpa*[1] en lui-même". Une fois que par ce processus on a découvert le vrai visage de l'esprit, on développe une certitude absolue. Même si le Bouddha en personne venait nous dire: "Mais ce n'est pas la bonne façon de méditer!" on répondrait: "Je *sais* que c'est la bonne façon de faire." Dans la pratique du *maha-ati*, on appelle cette conviction "la décision complète et directe dans la certitude". Une fois que ce fondement est bien établi, la pratique de la méditation devient de plus en plus profonde si bien que, très rapidement, d'un instant à l'autre, on franchit les étapes de la voie vers l'état de *bouddha* et l'on atteint l'Eveil.

Si, dans le *mahamoudra,* on trouve les trois étapes que sont la simplicité, l'unique saveur et la non-méditation, dans le *maha-ati* on rencontre trois phases équivalentes: "l'introduction directe du visage du *rikpa* en lui-même", "la décision complète et directe dans la certitude" et "la confiance directe en la libération des pensées qui s'élèvent".

Prendre la fusée

Dans la tradition Kagyupa le fondement est inclus dans le *mahamoudra*; dans la tradition Nyingmapa du *maha-ati*, le fondement est appelé *trektcheu* ("couper au travers"). Le *mahamoudra* en tant que fondement et *trektcheu* sont comparables à un grand avion qui peut voler vite dans l'espace. On peut atteindre l'état de *bouddha* à la vitesse d'un avion, mais une fusée est encore plus rapide. Dans la tradition

1 - L'intelligence Eveillée.

Padmasambhava,
figure centrale de la lignée Nyingmapa.

Kagyupa cette fusée correspond aux "six *dharmas** de Naropa", aux "six *dharmas* de Nigouma", aux "six *dharmas* de Soukkhasiddhi" ou encore, dans le contexte de Kalachakra*, aux "six jonctions". Dans la tradition Nyingmapa et celle du *maha-ati*, *teugal* ("transcender le pic") correspond à cette voie extrêmement rapide vers l'état de *bouddha*. La pratique de *teugal* comprend des instructions sur les postures physiques, la manière de placer son esprit et le travail sur les énergies, selon la maturité du disciple. On peut y utiliser, en accord avec les capacités individuelles, la lumière du soleil, celle de la lune, ou, quelquefois, l'obscurité totale. Grâce à cette pratique, on développe la capacité de visualiser les rayons d'un arc-en-ciel, des disques de lumière, des divinités, les champs purs des *bouddhas*, etc.

Teugal conduit à passer par quatre stades:

- "la vision directe du *dharmata*[1]",
- "l'accroissement et le débordement des expériences",
- "la pleine mesure de *rikpa*",
- "l'épuisement de la réalité phénoménale".

Le corps d'arc-en-ciel

Si l'on atteint ce dernier stade, par la purification totale des énergies et des éléments du corps, on obtient le "corps d'arc-en-ciel": lorsqu'on quitte son corps, on ne laisse rien de matériel derrière soi.

Certains penseront que, par conséquent, on peut obtenir le corps d'arc-en-ciel par le *maha-ati*, mais non par le biais du *mahamoudra*. Ce serait une erreur, puisque, dans la vie de Milarépa, on mentionne sept de ses disciples les plus proches, quatre femmes et trois hommes qui obtinrent le corps d'arc-en-ciel.

Lama et dévotion

Bonté du lama

Dans les différentes traditions du *mahamoudra* et du *maha-ati*, on trouve de nombreux maîtres aux qualités extraordinaires. La connexion avec tel ou tel maître dépend des liens karmiques établis

1 - Le *dharmata*, "le cela-même de tous les phénomènes", désigne leur nature ultime.

dans le passé. Quand nous suivons un enseignant, nous devons considérer que cet enseignant fait preuve à notre égard d'une bonté encore plus grande que celle de tous les *bouddhas* réunis, puisqu'il est celui qui nous introduit directement à la vraie nature de notre esprit. Que les lamas qui nous enseignent soient ou non des *bouddhas* n'a pas d'importance dans la mesure où ils délivrent un enseignement juste et sans faille qui nous permet de progresser vers la réalisation. Nous devons considérer que leurs qualités sont celles des *bouddhas* et avoir vis-à-vis d'eux la même gratitude que nous aurions pour les *bouddhas*.

Pas de progrès sans dévotion

Si nous n'avons pas de dévotion, quand bien même un grand nombre de *bouddhas* se tiendraient devant nous, ils seraient dans l'incapacité de nous aider. Il est dit: "Quelle sera la pousse verte d'une graine grillée par le feu?" Lorsqu'on a mis une graine dans le feu, on pourra toujours la planter, rien ne poussera. Ainsi, si nous n'avons ni confiance ni dévotion, aucun progrès ne sera possible. Les *tantras* nous enseignent ceci: "Si vous considérez votre lama comme un *bouddha*, vous recevrez la bénédiction d'un *bouddha*; si vous le considérez comme un *bodhisattva*, vous recevrez la bénédiction d'un *bodhisattva*; si vous le considérez simplement comme un bon membre de la *sangha*, vous recevrez la bénédiction d'un bon membre de la *sangha*; et si vous n'avez pas foi en lui, vous ne recevrez aucune bénédiction.

Pratiquer

Grâce aux connexions établies dans le passé, nous avons maintenant rencontré un lama. Certains d'entre vous ont un lama qui leur enseigne le *maha-ati*, d'autres un lama qui leur enseigne le *mahamoudra*. Il n'y a aucune différence. Ce qui est vraiment important, c'est de pratiquer. Grâce aux instructions que vous avez reçues, vous avez acquis tout ce qui est nécessaire à la pratique; vous ne devez rien chercher d'autre. Mais si vous n'avez ni foi ni dévotion, même si un authentique *bouddha* essayait par divers moyens de vous expliquer le *dharma*, vous penseriez, dans le meilleur des cas: “Cela semble intelligent”; mais tant que vous n’aurez ni dévotion ni foi, les efforts de ce *bouddha* resteraient vains.

Pratiquez donc avec confiance et dévotion les instructions que vous avez reçues; c’est cela le *mahamoudra* et c’est cela le *maha-ati*. Si vous ne pratiquez pas, vous finirez comme ces Occidentaux qui passent de multiples examens, obtiennent quantité de diplômes et qui, ne pouvant néanmoins trouver du travail, vivent dans une grande pauvreté.

Ainsi que le disait le Bouddha lui-même : “Je vous ai montré le chemin de la libération, mais le fait que vous le suiviez ou non ne dépend que de vous”.

Rigpa, Paris 1987

TABLE DES MATIERES

Impressions DUMAS
42100 SAINT-ÉTIENNE
Dépôt légal : juillet 1998
N° d'imprimeur : 34534

Imprimé en France